My First READ-TOGETHER Bible

Retold by Mary Batchelor and Penny Boshoff
Illustrated by Clare Fennell

Authentic

To

....

From

....

Date

....

CONTENTS

Introduction 4
Old Testament Stories 6
New Testament Stories 130
Index 254
First Mentions: Find a Character 256

INTRODUCTION

The **Bible** is made up of many stories, but it's also one **great big story!** The big story is about how **God made all of us** and how we have **spoiled** his world by doing bad things. But it also shows how **God loves us** because he sent **Jesus,** his Son, to fix everything so we can be God's **friends** again.

On every page, there are words in **different colours** to help you **understand** the story better. You could even talk about them with your friends and family. Take a closer look at the next two stories.

Find the good things that happen. Can you see any bad things?

If you see a yellow word, think about why it is important to the story.

NOAH and the FLOOD

Nobody on Earth listened to God – except **Noah**.

"**Noah,** there's going to be a flood," said **God.**

"Build a big boat for your **family.** And take two of every kind of animal and bird with you."

Noah did what **God** told him. Then it rained and rained. Water covered the land. But **Noah's** boat floated safely.

Genesis 6–7

How are people feeling in the story?

Names of characters are in **black** or **grey**. The green words show where the stories are taking place.

Scan here to hear the story being read aloud. You can read along if you like!

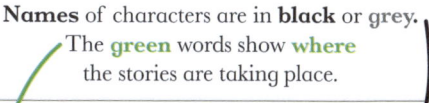

At last, the rain stopped. When the land was dry, **Noah** opened the door.

Out flew the birds. Off scampered the animals. And **Noah** said a special thank-you to God.

"**Noah**," said **God**, "when you see the rainbow, remember my promise; I will never flood the whole Earth again."

Genesis 8–9

Look out for the times **God** is mentioned. Did you know that **God** is **Father, Son,** and **Holy Spirit**?

When you see a rainbow word, shout it out!

Follow the Scripture reference to find out more about the story.

Colour Key

- **Blue** – something good happens
- **Black/grey** – characters in the story
- **Green** – places in the story
- **Navy** – God is mentioned
- **Pink** – what people are feeling
- **Rainbow** – an exciting moment
- **Red** – something bad happens
- **Yellow** – important moment in the story

Turn the page to start discovering the amazing things that God does.

OLD TESTAMENT Stories

Making our world 8	Moses 40
God fills the world 10	Fire in the bush 42
Adam and Eve 12	Moses warns the king 44
Forbidden fruit 14	Chaos in Egypt 46
Cain and Abel 16	The waves roll back 48
Noah and the flood 18	God sends food 50
Rainbow in the sky 20	God gives water 52
God chooses Abraham 22	Rules for the people 54
Three strangers 24	Reaching Canaan 56
Isaac 26	Brave Rahab 58
Esau and Jacob 28	The walls fall down 60
Jacob's dream 30	Gideon 62
Joseph's coat 32	Samson's riddle 64
Joseph goes to Egypt 34	Samson and the Philistines 66
Joseph saves Egypt 36	Naomi and Ruth 68
Brothers reunited 38	

A happy ending	70	One bottle of oil	100
God answers a prayer	72	Naaman is healed	102
God calls Samuel	74	King Joash	104
King of Israel	76	Jonah and the big fish	106
Saul disobeys God	78	God forgives	108
A new king	80	A lost book is found	110
David and Goliath	82	Jeremiah is rescued	112
David and Jonathan	84	Leaving Jerusalem	114
Saul chases David	86	Daniel	116
David becomes king	88	Saved from the fire	118
Wise Solomon	90	Daniel and the lions	120
A temple for God	92	Queen Esther	122
Elijah and the bad king	94	Esther saves the Jews	124
The real God	96	Rebuilding Jerusalem	126
Elijah and Elisha	98	Give thanks to God	128

MAKING our WORLD

Long ago, when God began to make everything, the Earth was dark and empty.

God said, "Earth needs light." And light appeared. God made the Sun to shine by day and the Moon and stars to light the night.

God was pleased with what he had done.

Genesis 1

GOD fills the WORLD

God said, "I will make grass and flowers and trees to cover Earth."

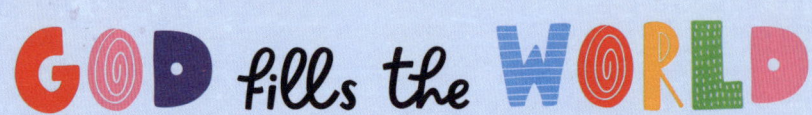

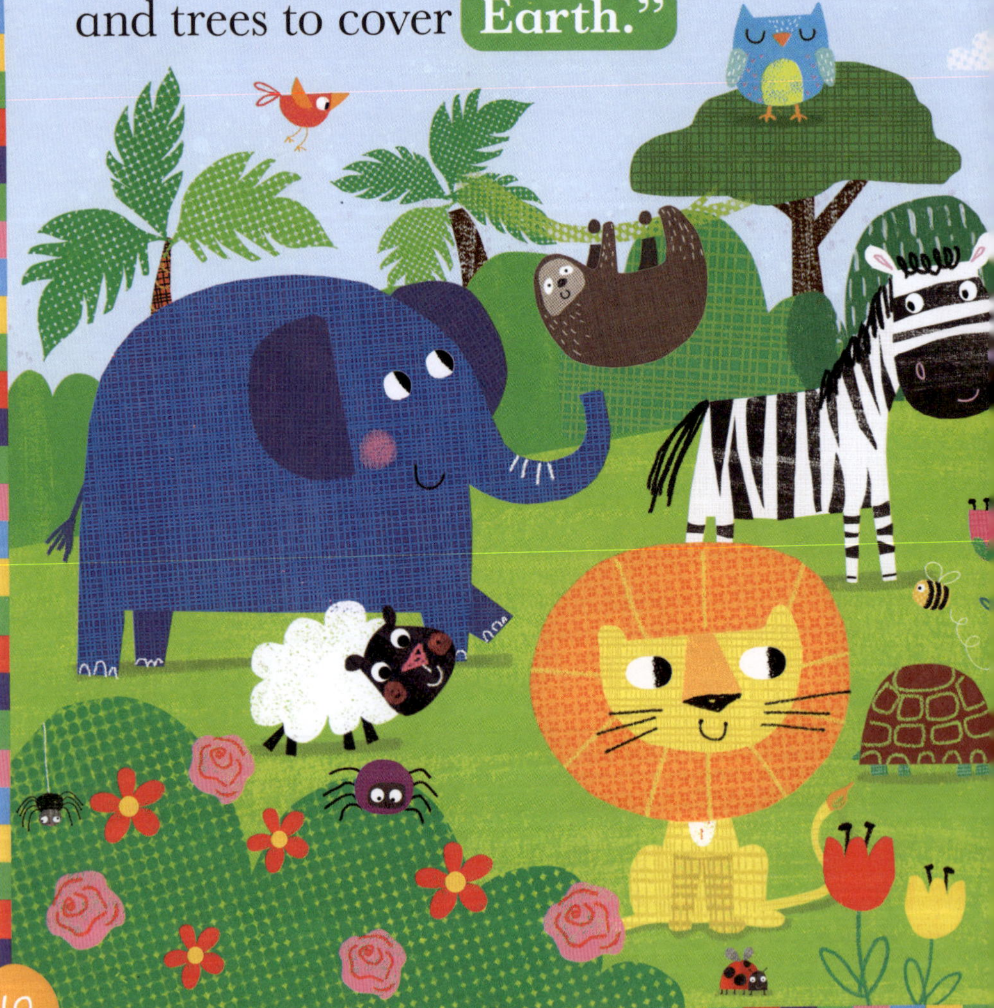

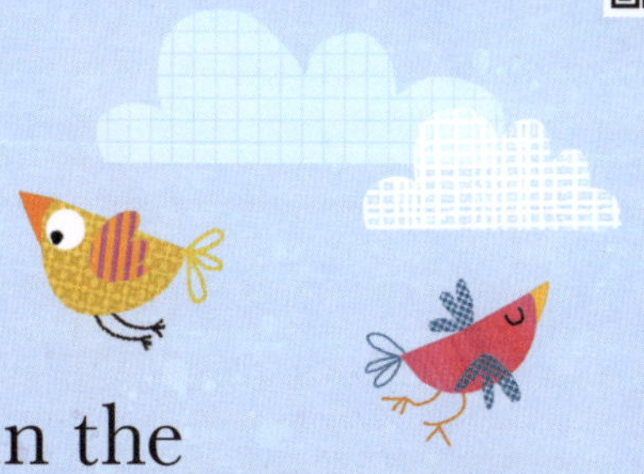

Then he made all kinds of creatures.

He made fish to swim in the rivers and seas. Birds and butterflies to fill the air. And animals, big and small, to play on the land.

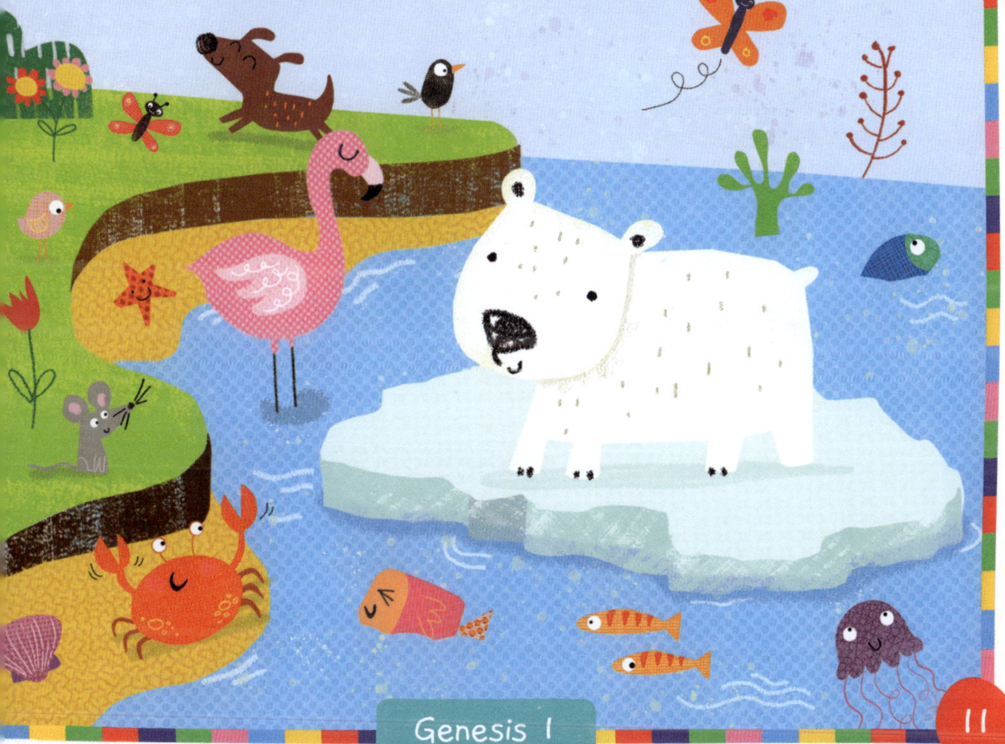

Genesis 1

ADAM and EVE

God said, "Now I will make people to take care of the Earth." So he made Adam and Eve.

"Enjoy the fruit in my garden," said God. Then he pointed to one tree. "Don't eat fruit from that tree. If you do, you will die."

Adam and Eve were very happy in God's garden.

Genesis 2

Forbidden FRUIT

The fruit on the **forbidden** tree looked **delicious.** "Why not try it?" the **snake** asked. "But God said we would **die**," said **Eve.**

"**Don't** listen to **God**," the **snake** whispered.

So **Eve** picked some and shared it with **Adam. God** was sad that they had disobeyed him.

Now **Adam** and **Eve** had to leave God's garden.

Genesis 3

CAIN and ABEL

Adam and Eve had two sons: Cain and Abel. Cain thought that God loved Abel more than him. So he hated his brother more and more.

Scan to listen.

One day when they were out in the fields, Cain killed Abel.

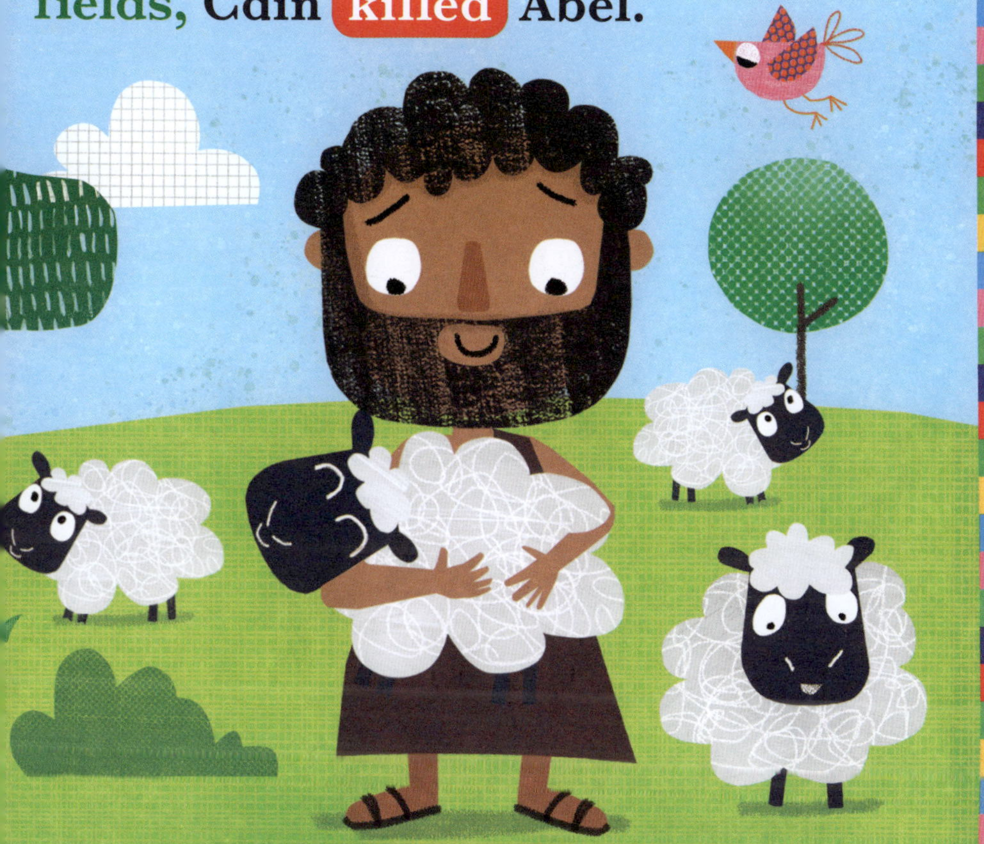

God was very sad. Hate and murder were spoiling his Earth. Cain had to leave home and move far away.

Genesis 4

NOAH and the FLOOD

Nobody on **Earth** listened to **God** – except **Noah**.

"**Noah,** there's going to be a **flood**," said **God**.

"**Build** a big boat for your **family**. And take **two** of every kind of animal and bird with you."

Noah did what **God** told him. Then it rained and rained. Water **covered** the **land**. But **Noah's** boat **floated safely**.

Genesis 6–7

RAINBOW in the SKY

At last, the rain **stopped.** When the **land** was **dry, Noah** opened the door.

Out flew the birds. Off scampered the animals. And **Noah** said a special **thank-you** to **God.**

"**Noah,**" said **God,** "when you see the **rainbow, remember** my **promise;** I will **never flood** the whole **Earth** again."

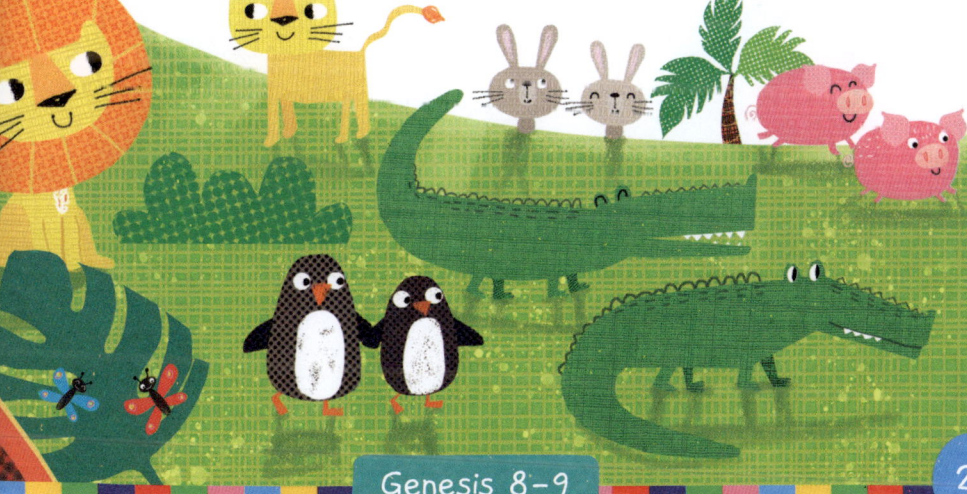

Genesis 8-9

God chooses Abraham

Abraham and **Sarah** longed for a baby. One day **God** said, "**Abraham**, I've chosen you.

"I will give you a new land and a big **family**. Everyone in the whole world will be happy because of you and your **family**.

"So **leave** your **house** and take your tent. We're going on a **journey**."

Genesis 12

Three STRANGERS

One hot day **Abraham** saw three tired **strangers**. "Come and rest here!" he called.

So they sat in the shade while Abraham brought them food and water. He didn't guess that they were **God's** messengers.

"Next year **Sarah** will have a baby boy," they said.

Genesis 18

Some years later **God** said, **"Abraham,** will you *give* **Isaac** back to me?"

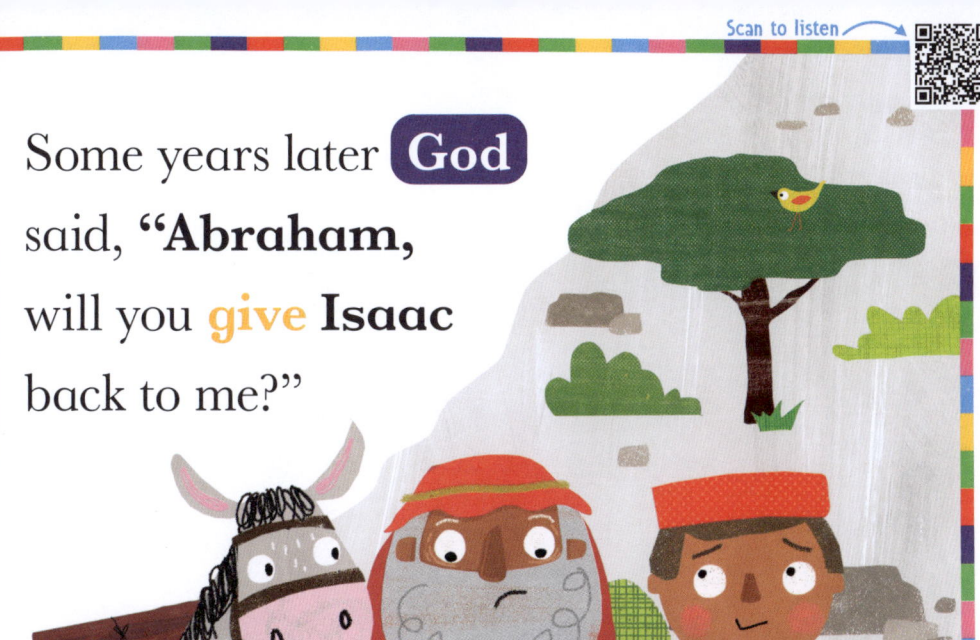

But just as **Abraham** was *getting ready* to give **Isaac** back, **God** called out, **"Abraham,** I know now how much you *love* and trust me. I won't take **Isaac** away."

Genesis 22

ESAU and JACOB

Isaac married Rebekah, and they had twin sons: **Esau** and **Jacob.**

One day **Esau** arrived back from **hunting**.
Jacob was **cooking** **delicious** food.
"Give me some!" **cried** Esau.
"I'm starving!"

"Only if you **give** me your special place as oldest son," said **Jacob**.
"All right!" **Esau** agreed.

Genesis 25

JACOB'S dream

Jacob tricked Esau again.
Esau wanted to kill Jacob.
So Jacob ran away.

That night Jacob slept under the stars.

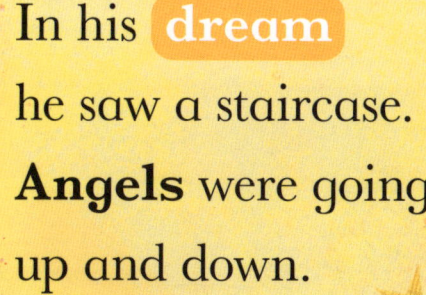

In his **dream** he saw a staircase. **Angels** were going up and down.

Then **God** said, **"Jacob,** I **promise** to be with you. I'll **never leave** you. You and your **family** will have the **good things** I **promised** to **Abraham."**

Genesis 27-28

JOSEPH'S coat

Jacob had lots of children, but he **loved Joseph** the most. He gave **Joseph** a **beautiful coat. Joseph's brothers** were **jealous.**

One day **Joseph** went to the **fields** to find his **brothers.**

"Let's **get** him," the **brothers** cried. They **grabbed Joseph, ripped** off his **special coat,** and **threw** him down an empty **well.**

Genesis 37

JOSEPH goes to EGYPT

The **brothers** decided to **sell** Joseph to some **men** journeying to Egypt.

In Egypt, **Joseph** became Potiphar's slave.

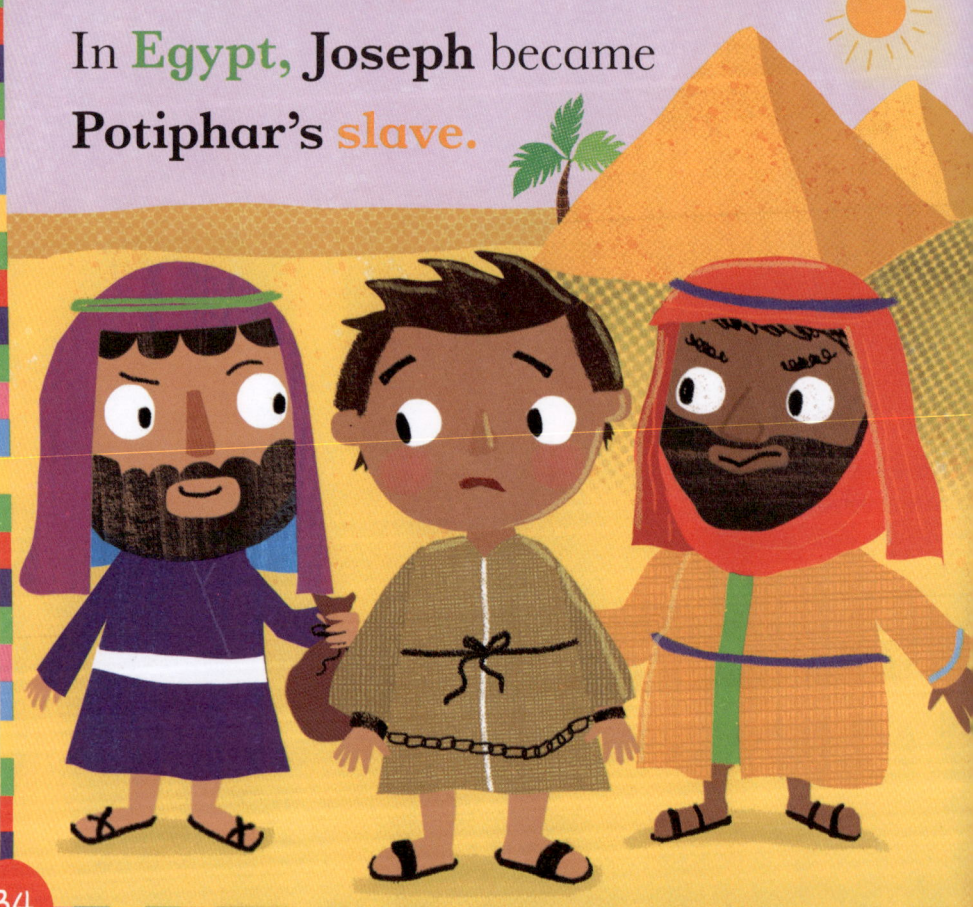

Because **Joseph worked** so **hard,** **Potiphar** put him in charge of everything he had.

But **Potiphar's wife told lies** about **Joseph,** so he was **sent to prison.** Even there, **God** was still with him.

Genesis 37, 39

JOSEPH saves EGYPT

The **king** of **Egypt** had **worrying** dreams. **"Fetch Joseph,"** a **servant** said. "He **understands dreams.**"

The **king** told **Joseph** his dream. **"God** says seven **good** harvests are coming, followed by seven **bad** ones," **Joseph explained.** "Save food now to **feed** your **people** in the bad years."

The **king** was pleased. "Joseph, you must help me lead Egypt."

Genesis 41

BROTHERS reunited

Now **Joseph's brothers** had to travel to **Egypt** to buy corn. They **did not know** that the man in charge was **Joseph**. **Joseph** **pretended** to be **angry.**

Then he said, "Don't be **frightened.** It's me, **Joseph!** I will take care of you. **God** brought me here to **save everyone!** Come and live in **Egypt."**

Genesis 42–45

MOSES

God gave Jacob the name "Israel". Israel's people stayed in Egypt. But years later a cruel king made them his slaves. "Kill all their baby boys," he ordered.

But one mother hid her baby in a floating basket among the river reeds. "What's in that basket?" asked the princess. Her servant opened the lid. "What a beautiful baby!" the princess exclaimed. "I shall keep him and name him Moses."

FIRE in the BUSH

When **Moses** grew up, he longed to save his **people**. The **king** was furious so **Moses** ran far away.

One day **Moses** saw a bush on fire. "That's strange!" he thought.

Suddenly **God spoke** from the **bush.** "**Moses,** go back to Egypt and **rescue** your unhappy **people.**"

"**I can't!**" **Moses** exclaimed. "Yes, you can," **God** said, "because I will be with you."

Exodus 3

Moses warns the King

Moses set off for Egypt. "God says you must let his people go," he told the king.

"NO!" the king replied. "I don't know or care about your God. I won't let them go. Make the Israelites work harder!"

"Obey **God** or bad things will happen," **Moses** warned.

"I won't!" the **king** replied.

Exodus 4–5

CHAOS in EGYPT

Everything happened as Moses had warned. First frogs ran everywhere, then flies came, then there were storms. But still the king would not let the Israelites go.

"God will rescue his people," Moses said, "but because of you, Egypt will be sad." "Go away!" the king shouted.

"Tomorrow God will rescue us," Moses told the Israelites. "Cook a special meal to thank him."

The WAVES roll back

The next day the **Israelites** left **Egypt** and camped by the Red Sea. But the **Egyptian army** chased them!

God said, "**Moses,** stretch your stick over the sea. Tell the **people** to go forward."

Moses obeyed **God.** The waters rolled back, and the **Israelites** crossed on **dry ground.** "Hooray!" they shouted on the **other side.** "**God** has rescued us!"

God sends Food

"God is leading us to the country he promised us," Moses told the Israelites as they walked through the desert.

"There's nothing to eat!" the people grumbled.

"I will feed you every day," God promised. The next morning the ground was covered with small white flakes. They tasted good, like honey biscuits.

Exodus 16

GOD gives WATER

The **people** kept grumbling. "We're thirsty, Moses," they moaned. "Give us water!"

Moses told **God** and **God** said, "Go to the special rock that I will show you, and hit it with your stick."

Moses did as **God** told him and cool, refreshing water gushed from the **rock.** There was plenty for **everyone.**

Exodus 17

Rules for the People

God said to **Moses**, "These rules will **help** my **people** every day: **Put me first** and love me best. Don't **worship** anyone but me. Don't use my name **carelessly. Keep** one day each week as a **resting day** with me.

"**Obey** your father and mother. Don't **hurt** others. Keep love between a husband and wife **special.** Don't **take** what isn't yours. Don't **tell lies** about other people. Don't be jealous of other people and **want** what they have."

Exodus 20

Reaching CANAAN

When they reached the land God had promised them, Moses sent twelve spies to look around.

"It's a **wonderful country**," the **spies** said, "but we'll **never** win it! The people there are **huge** and **strong**!"

But **Caleb** and **Joshua** shouted out, "Don't **cry**! **God** will **help** us **win**!"

Numbers 13–14

Brave RAHAB

When **Moses** died, **God** made **Joshua** the leader. **Joshua** sent two **spies** to **Jericho**.

The **king** sent **soldiers** to seize them, but **Rahab** hid them. Finally the **soldiers** left.

Rahab said to the **spies,** "When **God** gives you **Jericho,** please be kind to me." "We will!" they **promised.**

Joshua 1–2

The walls FALL DOWN

Joshua did everything God told him.

So for six days Joshua and the soldiers and priests marched once around Jericho. On the seventh day they marched around it seven times, blowing their trumpets.

Then everyone shouted. At once the walls of the city fell. CRASH! But Rahab was not hurt.

Joshua 6

GIDEON

The **Israelites** soon forgot **God**. But **God** did not forget them. When **enemies** attacked **Israel, God** said to **Gideon,** "Rescue my **people.** I'll show you how!"

That night **Gideon** and his **soldiers** crept to the enemy camp with trumpets and jars with torches inside.

At **Gideon's** signal, every **soldier** **smashed** his jar, **blew** his trumpet, and **shouted,** "For **God** and for **Gideon!**" And **Israel's enemies** ran away!

Judges 6–7

SAMSON'S riddle

More **enemies** attacked **Israel**. This time **God** chose **strong Samson** to fight them.

Samson told his **enemies** this riddle: "Out of the eater came something to eat. Out of the strong came something sweet."

His enemies, the **Philistines,** were puzzled. Then they discovered that **Samson** had found a bee's nest in a lion's dead body and had eaten the delicious honey.

Judges 13–14

Samson and the Philistines

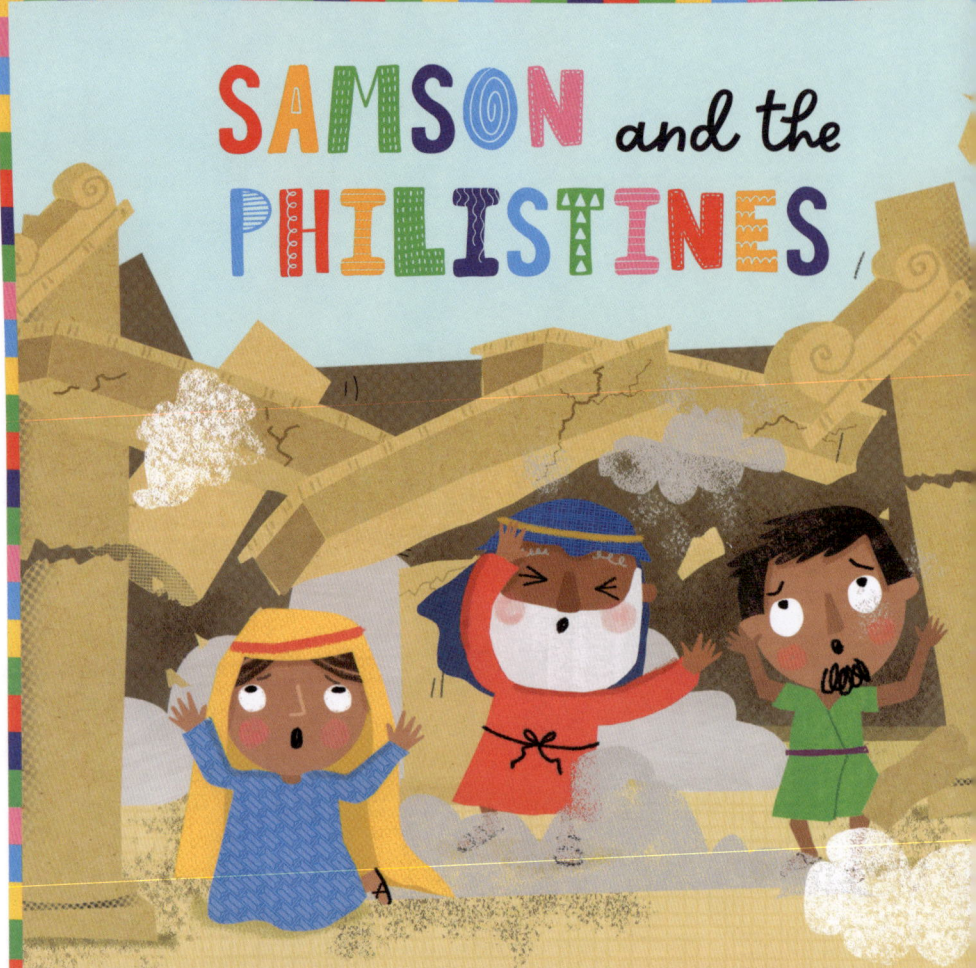

Finally the **Philistines** caught Samson. They **blinded** him and brought him to their **temple.** "Our god **Dagon** is the greatest!" they shouted.

"God, please help me to beat the Philistines," Samson prayed.

He put his hands on the big pillars and pushed and pushed. Crack. CRASH! The temple fell down and killed everyone. Samson was remembered as a great hero.

Judges 16

NAOMI and RUTH

Naomi's family lived in **Bethlehem.** But when the **food ran out,** they moved to faraway **Moab.** Poor **Naomi!** Her **husband** and **sons died.** But their Moabite wives, **Orpah** and **Ruth, looked after** her.

"I'm going back to **Bethlehem,**" **Naomi** said. "Goodbye," said **Orpah,** hugging **Naomi.** But **Ruth** said, "I'm **coming** with you. I'll **stay** with you always. **I love you,** and your **God** will be my **God.**"

A HAPPY ending

Naomi and **Ruth** arrived in **Bethlehem**. They were so `poor` that **Ruth** picked up **leftover grain** from the fields to **make bread.**

"Who's that **stranger?**" asked the farmer **Boaz.**

"That's **Ruth**. She takes good care of **Naomi**," the **farm workers** replied. "Then drop extra grain for **Ruth**," **Boaz** said kindly. **Boaz** decided to marry **Ruth**.

They soon had a little boy. Now **Naomi** was very happy.

God answers a Prayer

Hannah longed for a baby! One day she visited **God's house** with her **husband. Hannah** felt so sad.

"Please, **God,**" she cried, "**send** me a baby. I **promise** I'll give him back to you." **Eli** the priest **heard** her.

"May **God answer** your prayer!" he said. And **God** did! **Hannah** called her baby Samuel.

1 Samuel 1

God calls Samuel

Hannah kept her promise. She took **Samuel** to live with **Eli** the priest at **God's house.**

One night **Samuel** heard a **voice:** "**Samuel!**" He ran to **Eli.** "I didn't call," **Eli** said. "Go back to bed."

Three times Samuel heard the **voice** and **three times** he ran to **Eli.**

Then **Eli** said, "It's God's voice. Next time he calls, say, 'I'm listening.'" **God** called again, and **Samuel** listened to God's message.

1 Samuel 3

KING of ISRAEL

Samuel gave God's messages to the **Israelites.** But they wanted a king instead. "I will choose their king," **God** told **Samuel.**

One day a young man called Saul arrived. "My **father's** donkeys ran away," he told **Samuel.** "I can't find them anywhere. Can you help me?"

"Don't worry, your donkeys have been found," **Samuel** said. **"God** has chosen you to be **king** of Israel!"

1 Samuel 8-10

SAUL disobeys GOD

One day the **Israelites** were getting ready for **battle.** "Wait for me to pray before you fight," **Samuel** told **King Saul.**

King Saul waited and waited. Finally he **decided** to say the prayers **himself.** Just then **Samuel** came back.

"Why didn't you **wait?**" **Samuel** asked **sadly.** "Because you **won't obey** God, he is going to **choose** another king."

1 Samuel 13

A NEW KING

"Go and see **Jesse**," God told **Samuel**. "I have chosen one of his **sons** to be **king**." **Jesse's** oldest **son** was handsome.

"He looks like a king!" thought **Samuel**. But **God** whispered, "No! Not this one."

Samuel saw six more **sons.**
But each time **God** said, **"No!"**
"Have you another **son?**" **Samuel** asked.
"Only **young David**," **Jesse** replied.
"He's looking after my sheep."

When **David** arrived,
God told **Samuel,**
"He is the one!
My chosen king!"

1 Samuel 16

DAVID and GOLIATH

David's brothers were in **Saul's** army. **David** was visiting them when the **huge** Philistine soldier **Goliath bellowed, "Israelites,** choose a man to fight me!" The **Israelites** were terrified. "I'll **fight** him!" said **David,** taking just his shepherd's **sling** and **five stones.** "I'll feed you to the birds!" cried **Goliath.** "I fight with **God's** strength!" **David** shouted. He aimed.
The stone from his sling hit **Goliath's** skull… **crack! Goliath** crashed to the **ground.**

1 Samuel 17

DAVID and JONATHAN

Saul **invited** David to live in his **palace**. Whenever Saul was **miserable**, David would **sing** and **play his harp** to **cheer** him up.

David and Jonathan Saul's son, became **great friends**. But Saul grew **jealous** of David.

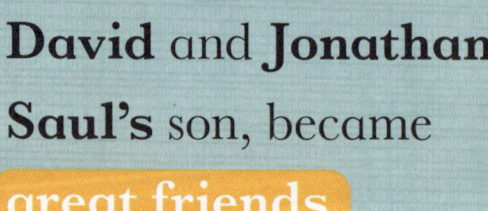

Scan to listen.

One day **Saul** hurled his spear at **David**.
David dodged it just in time!

"Go," said **Jonathan**, "or my **father** will kill you!"

The two **friends** hugged each other and sadly said, "Goodbye."

1 Samuel 16, 18-20

SAUL chases DAVID

When **Saul** discovered **David** had gone, he chased him. One night **David** and his nephew **Abishai** crept up on **Saul** and his **soldiers** as they slept. "Kill **Saul** now!" **Abishai** whispered.

"**Never!**" **David** replied. "**God** would not want that. We'll take **Saul's** spear and water jug instead!"

When **Saul** discovered that **David** had taken his spear and jug but had not hurt him, he promised to stop chasing **David**.

1 Samuel 26

David becomes King

One day **Saul** and **Jonathan died** in battle, and **David became king.**

"**Jonathan** is dead," **David** said sadly. "I must look after his **family**." "Then take care of his son **Mephibosheth**," a **servant** said. "He can't walk."

So **David invited Jonathan's** son to the **palace.** "Welcome, **Mephibosheth,**" he said.

"Come and live here and have dinner with me every day."

2 Samuel 9

Wise SOLOMON

When **David** died, his son **Solomon** became **king**. **Solomon** asked **God** to **help** him **rule well**. **God** made him wise.

One day two **mothers** arrived with a **ba**
"He's my **baby!**" the first **woman** cried.

"No! He's mine," the other shouted.
"Cut the baby in two," ordered Solomon, "and give each mother half!"
"No!" cried the first woman. "Don't hurt him! Let her have him!"

"Take the baby," Solomon told the first woman, "for you are the real mother."

1 Kings 3

A TEMPLE for GOD

God made Solomon rich as well as wise. Solomon began to build a splendid home for God – the temple.

Thousands of builders got busy with fine wood and huge stones. Inside, in God's special room, even the floor was paved with gold!

Finally it was finished. Everyone celebrated. God promised to listen to his people when they prayed to him there.

1 Kings 5-9

ELIJAH and the BAD KING

Some **kings** of Israel were **bad**. **King Ahab** and his wicked queen, **Jezebel,** prayed to **false gods** and **killed** many of **God's friends**.

One day **God's** friend **Elijah** brought **Ahab** a message. "I serve the true **God**. There will be no rain until I say so!"

What **Elijah** said came true. Plants and animals began to die. **Everyone** was hungry. But **God** looked after **Elijah**.

1 Kings 16–17

The REAL GOD

"Bring the **servants** of the **false god Baal** to Mount Carmel," **Elijah** told **Ahab.** "We'll prove who's the real **God.**" **Elijah** told **Baal's followers,** "Build a **fire** with wood. Now ask **Baal** to light it." They prayed and prayed but **nothing happened!** **Elijah** poured water over his wood. Then he **prayed:** "Please, God, send fire!" At once fire **streaked** down and set **Elijah's** wood alight. "Our **God** is the real **God!**" shouted the **Israelites.**

ELIJAH and ELISHA

Jezebel was furious. She wanted to **kill Elijah**. But **God** kept him safe.

"Find **Elisha**," **God** told **Elijah**. "He'll **help** you. He will be my **messenger** too."

One day **Elijah** and **Elisha** were walking together when they heard a **rushing noise**. Suddenly a chariot of fire, drawn by fiery horses, swooped down between them

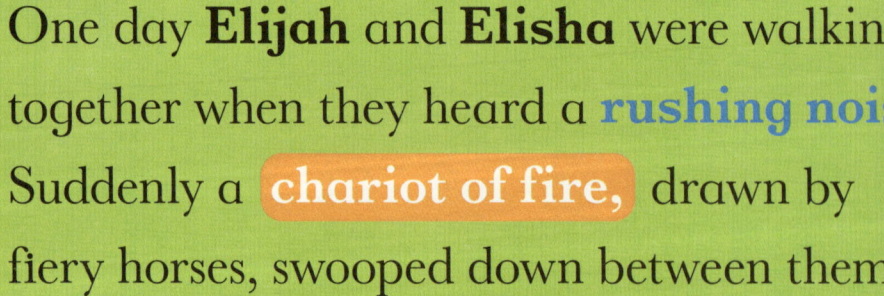

A **great wind** whirled **Elijah** off his feet. He was lifted up, up, and away until **Elisha** could see him no more.

1 Kings 19, 2 Kings 2

ONE BOTTLE of oil

A **widow** came to **Elisha**. "Help me!" she **sobbed**. "They're **taking** my **sons** away because I **owe** money."
"What have you got at **home?**" **Elisha** asked. "One small **bottle of oil,**" she said.

Scan to listen.

"Borrow lots more bottles and **fill them** with your oil," **Elisha** said. The **boys** fetched bottles, and their **mother** poured and poured...

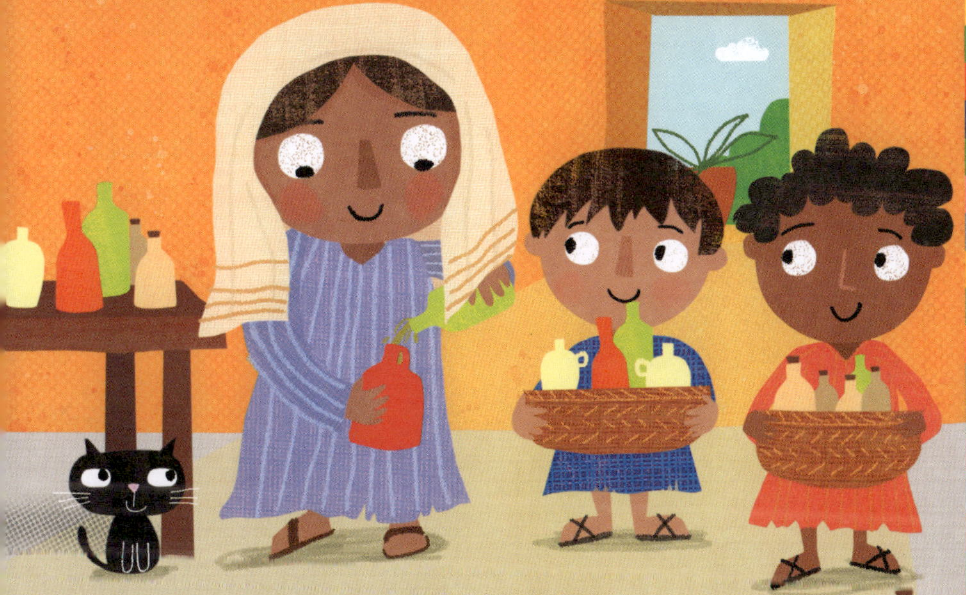

The oil **didn't run out** until every borrowed bottle was **full!**

"Now **sell** the oil to **pay your debt,**" said **kind** **Elisha.**

2 Kings 4

NAAMAN is healed

Naaman, chief of the **Syrian army,** had a terrible **skin disease.** His young Israelite **servant girl** said, "Go to **Elisha, God's** messenger in Israel. He will **make you better.**"

"**Wash** seven times in the **river Jordan,**" **Elisha** told **Naaman.** "I can wash in **cleaner rivers** back **home!**" **Naaman shouted** angrily.

"Please do as Elisha says!" his soldiers pleaded. So Naaman dipped in the river seven times, and his skin was smooth again!

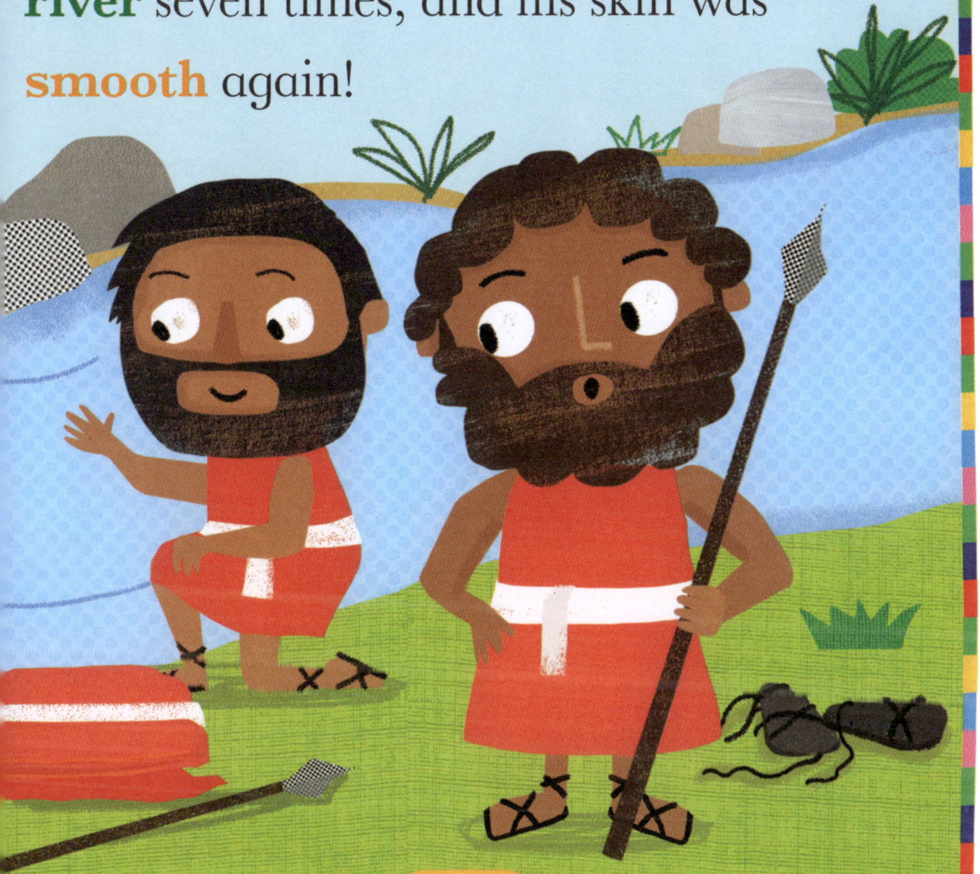

"Your God is the real God!" Naaman told Elisha.

2 Kings 5

KING JOASH

After **King Ahaziah** died, his mother **Athaliah** killed all the royal children to become queen!

But baby **Joash** was rescued by his aunt. She hid him in God's temple.

When **Joash** was seven, the priest **Jehoiada** invited the **people** to the temple. He led **Joash** out, placed a crown on his head, and gave him a copy of **God's** Law. **Everyone** cheered, "Long live **King Joash!**"

Athaliah was furious. Now **Joash** was **God's king.**

2 Kings 11–12

JONAH and the BIG FISH

God told Jonah, "Go to the people of Nineveh. Tell them to stop being wicked." Jonah didn't want to go. He ran away and went to sea.

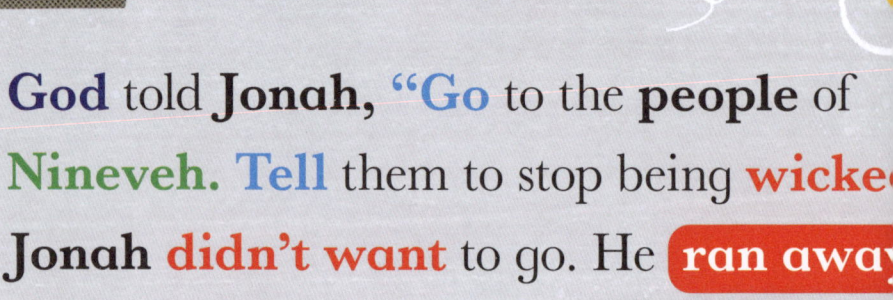

Scan to listen.

But **God** sent a strong wind to **whip up** the waves. "We're going to **sink!**" cried the terrified **sailors.**

"It's **my fault!**" **Jonah** said. "I **ran away** from **God.** Throw me in the **sea,** then the storm will **stop.**" The **sailors** threw **Jonah** overboard, and the **sea** grew **calm.**

Jonah 1

God FORGIVES

As **Jonah** sank beneath the waves, a **big fish** swam by and swallowed him up.

Inside the fish **Jonah** prayed, "Please help me, **God!**" **God listened.** He told the fish to spit **Jonah** out on the beach.

So **Jonah** went to Nineveh. The **people** listened to him. They promised to stop being wicked.

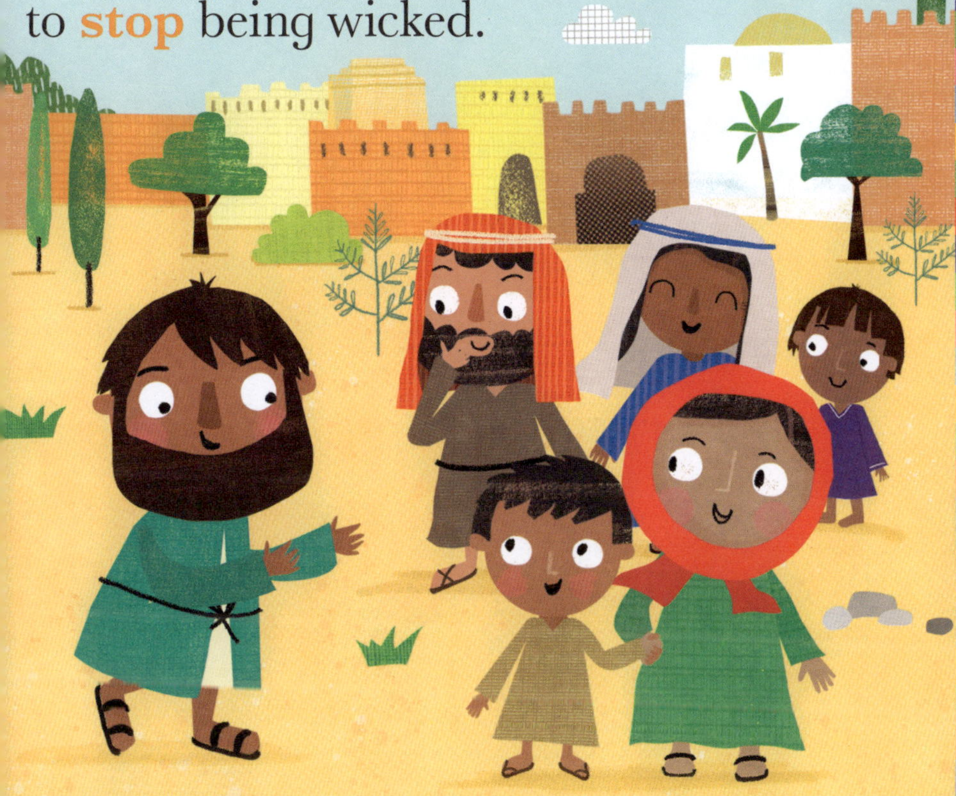

"I forgive them," **God** told **Jonah**. But **Jonah** was angry. He did not want **God** to forgive his **enemies**.

Jonah 1–4

A LOST BOOK is found

God's temple in Jerusalem was falling apart, so King Josiah sent builders and decorators to mend it.

There they found the lost copy of God's Law. A servant read it to King Josiah. He burst into tears.

"We **haven't obeyed** God!" he cried.

God sent **Josiah** a **message:** "There will be **trouble** later but not for you, **Josiah**. I **know** you **love** me!"

2 Chronicles 34

JEREMIAH is rescued

After **good** **King Josiah,** there were mo **bad kings. God's** messenger **Jeremiah** warned them that their **enemies** would **fight** them and **win** if they kept disobeying **God.**

The **leaders** got angry. They threw **Jeremiah** into a deep, muddy **hole.**

Ebed-Melech went to the **king.**
"Your Majesty! Don't let **Jeremiah** die!"
"Go and rescue him!" ordered the **king.**
So **Ebed-Melech** and his **helpers** rushed off to pull **Jeremiah** up to safety.

Jeremiah 38

Leaving JERUSALEM

No one listened to **Jeremiah's** message from **God.**

Then **Nebuchadnezzar,** mighty king of **Babylonia,** brought his **army** to attack Jerusalem. They stole the temple treasure and marched the **people** off to **Babylonia.**

Scan to listen.

"Burn the city!" Nebuchadnezzar ordered. How sad God's people were as they left the city and the land God had given them!

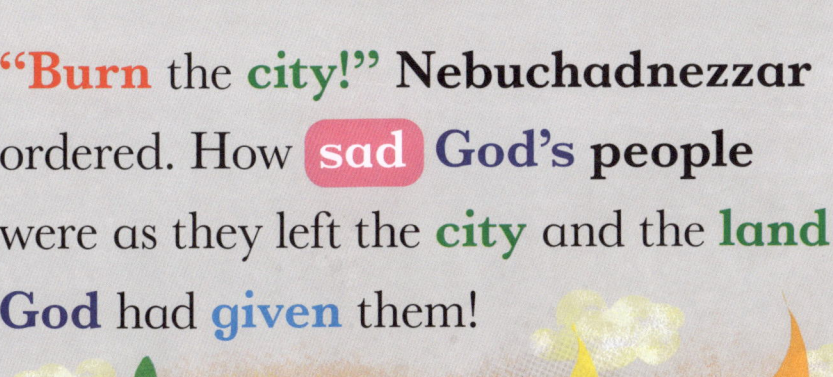

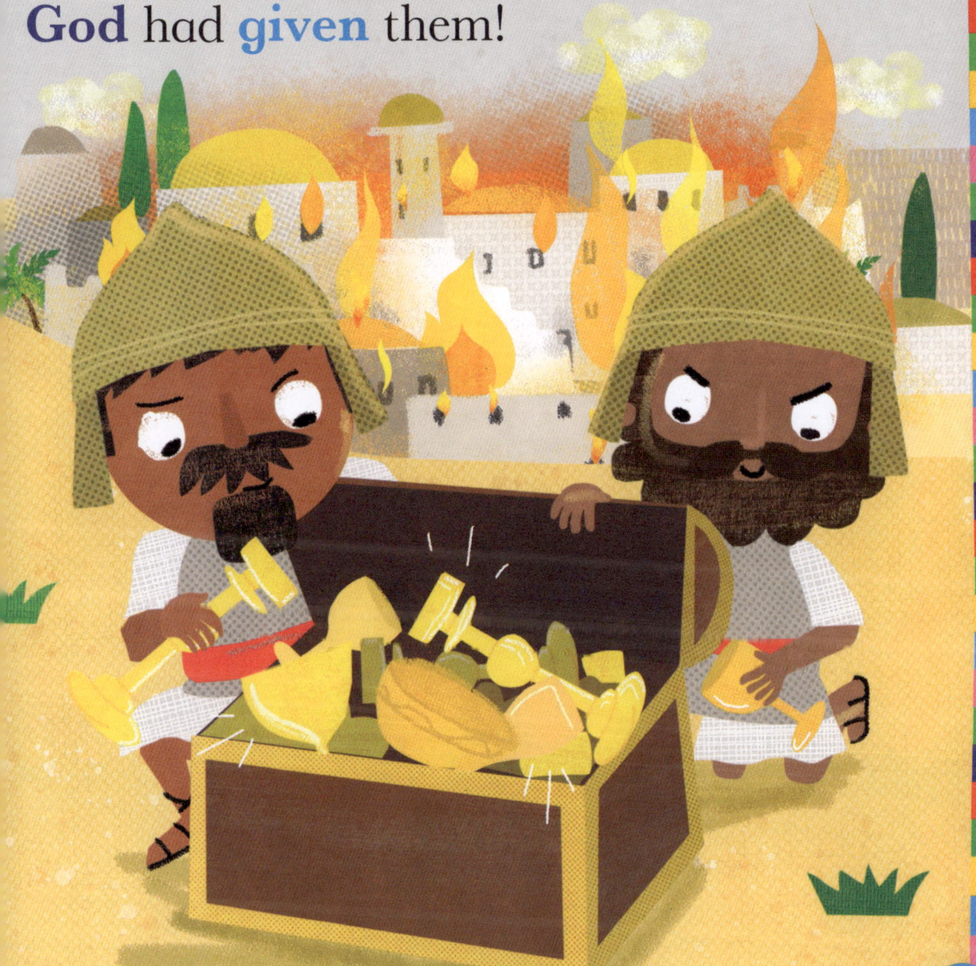

2 Chronicles 36

DANIEL

Israel's **smartest** young **men** were taken to **Nebuchadnezzar's palace**.

"Eat the food the **king** sends you," the **chief servant** ordered. But **Daniel, Shadrach, Meshach,** and **Abednego** knew that meant obeying the king rather than God.

"Give us **vegetables** and **water** for ten days," **Daniel begged.** The **servant agreed.**

After ten days they looked fit and healthy. "These **men** are the **best!**" **Nebuchadnezzar** said. "They will help me rule."

Daniel 1

SAVED from the FIRE

"Bow down to my wonderful gold statue!" Nebuchadnezzar ordered. Everyone bowed down except Shadrach, Meshach, and Abednego.

"Bow down!" Nebuchadnezzar shouted. "Or I'll throw you into the fire!"

"We bow only to **God!**" the **friends** replied **bravely.** So **Nebuchadnezzar's soldiers threw** them into the flames.

Suddenly **Nebuchadnezzar** gasped: "We **threw** three **men** in, but there are **four walking about** in the fire! Their **God** has sent his **angel** to **keep** them **safe!**"

Daniel 3

DANIEL and the LIONS

The new **king liked Daniel.** This made **people jealous.** "Order **everyone** to pray to you **alone** or be **thrown** to the **lions,**" they told the **king.**

"**Daniel** is still praying to **God!**" said his **enemies.** So the **king's soldiers threw** Daniel into the **lions' pit.**

QUEEN ESTHER

"I **want** a queen," said the **king** of Persia. "Bring me the most beautiful **girls** in the **kingdom**."

The **king** chose **Esther**. But he did not know that **Esther** and her cousin **Mordecai** were Jews.

Haman hated Mordecai, so he said to the **king,** "Let's **kill** those **Jews** from **Israel.**" The king **agreed.**

Mordecai sent **Esther** a secret message: "Help us!" he **begged.** "**God** made you **queen** to **save** your **people.**"

Esther 1–4

ESTHER saves the JEWS

"I will **help**," **Esther** told **Mordecai**. "**Pray** that the **king** will not be **angry**!"

Then, trembling, she went to the **king**. He welcomed her

"Please come to **dinner,** and bring **Haman,** your **chief adviser,**" **Esther** said.

After dinner **Esther** said, "Your Majesty, an **enemy** wants to **kill** me and my **people!**"

"Who is he?" the **king** asked.
Esther pointed to **Haman.**
"Take him away!" the **king** ordered.
"**Mordecai** will take his place."

Rebuilding JERUSALEM

After many years the **Jewish people** came home, just as **God** had promised.

Jerusalem was in **ruins.** So the **people** began rebuilding the **temple.**

Scan to listen.

Ezra the **priest** helped them **finish** it and **taught** them **God's Word.**

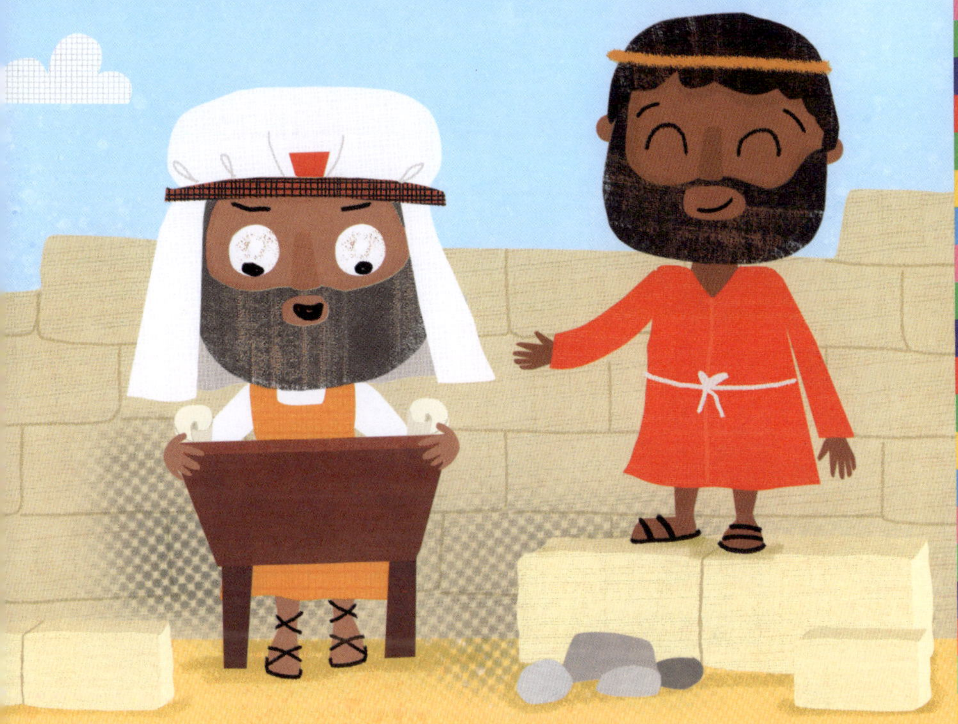

"Now let's **rebuild** the **city wall,"** said **Nehemiah. "God** will **help** us!" So the **people** **worked together,** each **family** **mending** a part of the **wall.**

Ezra 3; Nehemiah 2, 3, 8

Give THANKS to GOD

At last the wall was **finished!** **Nehemiah** called **everyone** to celebrate.

Two groups of **singers** and **musicians** marched around Jerusalem. The **people** sang, played their instruments, danced, and thanked God.

They all met up at the **temple**.
Everyone was **happy** because **God**
had **kept** his **promise**. The **people**
of **Israel** had come **home!**

Nehemiah 6, 12

NEW TESTAMENT Stories

An angel visits Mary	132	A wise man and a foolish man	16
Mary visits Elizabeth	134	The trusting soldier	16
A special message	136	Buried treasure	16
Jesus is born	138	The story of the seeds	16
The shepherds	140	Jesus calms the storm	17
A promise fulfilled	142	The sick girl	17
The wise men	144	Jesus and the blind men	17
Leaving for Egypt	146	Food for everyone	17
Jesus in the temple	148	Jesus walks on water	17
John baptizes Jesus	150	God talks to Jesus	18
A test for Jesus	152	The kind stranger	18
Andrew meets Jesus	154	Martha and Mary	18
Peter goes fishing	156	A prayer to God	18
Water into wine	158	Saying thank you	18
Walking again	160		

The party	190
The lost sheep	192
Coming home	194
Please forgive me!	196
Jesus gives new life	198
Jesus and the children	200
Zacchaeus changes	202
Expensive perfume	204
Entering Jerusalem	206
Being ready	208
Jesus is angry	210
Washing feet	212
A special meal	214
Jesus is taken prisoner	216
Peter lets Jesus down	218
Jesus is left to die	220
A sad day	222
Jesus is alive!	224
A surprise	226
Tell everyone!	228
Thomas believes	230
Jesus goes to heaven	232
The Holy Spirit	234
A man walks again	236
An important man	238
Jesus speaks to Paul	240
God rescues Peter	242
Friends of Jesus	244
Paul is taken prisoner	246
God keeps his promise	248
Letters from Paul	250
A new heaven and earth	252

An ANGEL visits MARY

One day **God sent** the angel **Gabriel** to see **Mary**. "**Mary,** don't be **afraid, God** is **pleased** with you," **Gabriel** said. "You are going to **have a baby. Call** him **Jesus.** He will be a **great king**

Mary looked **puzzled.**
"The **baby** will be God's Son,"
Gabriel explained.

"I will do whatever **God** wants,"
Mary replied.

Luke 1

MARY visits ELIZABETH

Mary couldn't wait to tell her cousin **Elizabeth** the news. She left home and hurried off. "**Elizabeth!**" she called, running to the house.

Elizabeth hugged her. "**Mary!** How wonderful! As soon as I heard you, I knew that **God** had chosen you to be the **mother** of his **promised king!**"

A special MESSAGE

Joseph wanted to marry Mary. When he heard about Mary's baby, he was worried. That night God's angel gave Joseph a special message.

"Joseph, don't worry!" the angel said. "God wants you to marry Mary. Her baby has been made by God's Holy Spirit. Call him Jesus. One day he will rescue God's people."

So Joseph married Mary.

Matthew 1

JESUS is BORN

Bethlehem was busy. Mary and Joseph had come all the way from Nazareth. They needed somewhere to sleep, but all the inns were full.

At last Joseph found somewhere warm and dry – a stable!

That night Jesus was born. Mary wrapped him up warmly and laid him to sleep in the hay.

The SHEPHERDS

Shepherds were looking after their sheep when an **angel** appeared. God's dazzling light shone around.

"Don't be afraid!" said the **angel**. "I have good news! God's special king has been born in Bethlehem. You will find him lying in a manger."

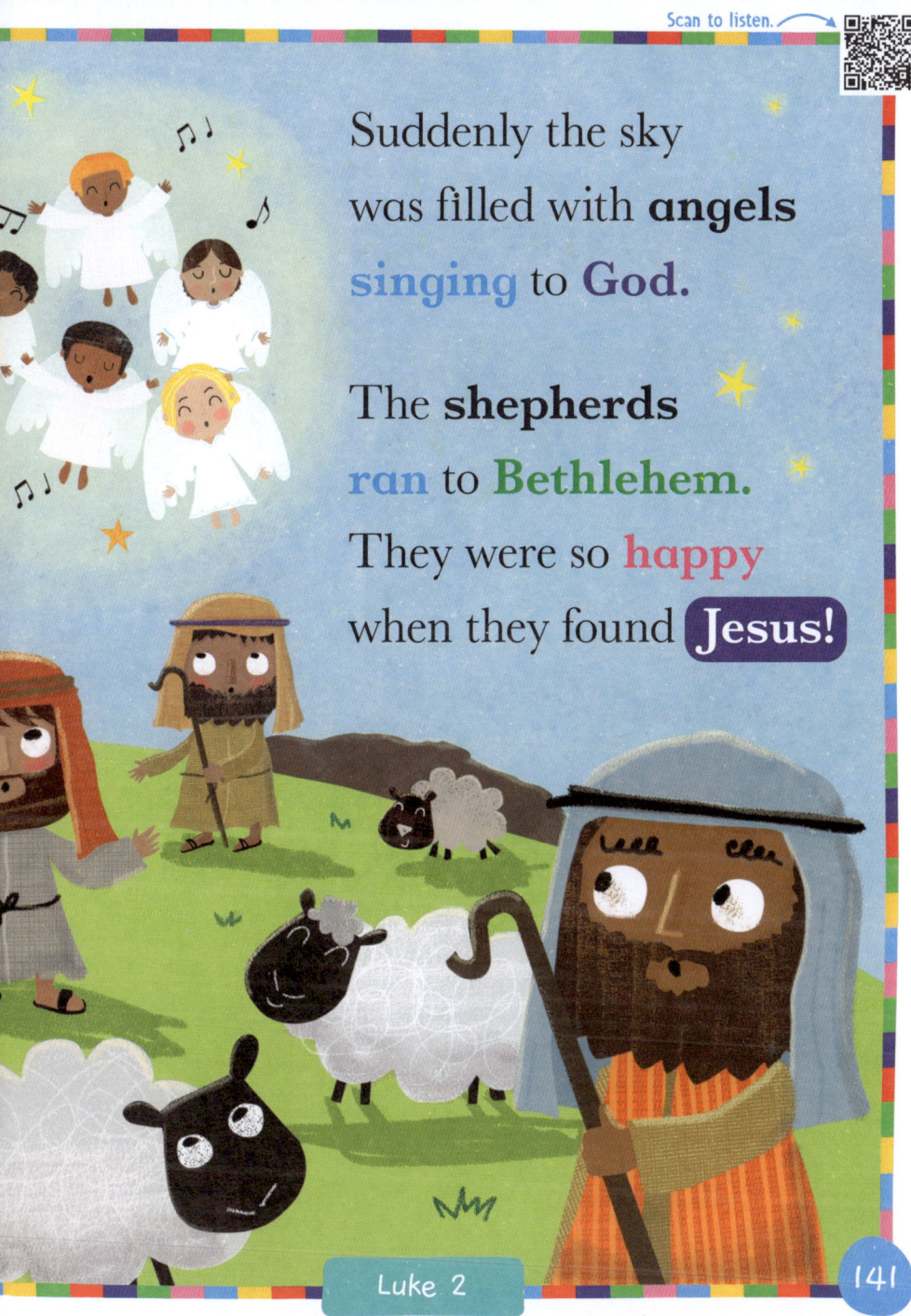

A Promise fulfilled

One day **Mary** and **Joseph** took baby **Jesus** to the temple. There they met an old man called **Simeon**.

Simeon had loved **God** all his life. He took **Jesus** gently in his arms. "I'm so happy today!" he said. "Thank you, **God,** for keeping your promise and letting me see the **king** who will rescue us all."

Luke 2

The WISE MEN

Far away in the East, some wise men saw a bright new star.

"How wonderful!" they cried. "A great king has been born. Let's go and worship him!" So they followed the star until it stopped over a house in Bethlehem.

Scan to listen.

The **wise men** were so happy to see Jesus. They bowed down low and gave him precious gifts of gold, frankincense, and myrrh.

Matthew 2

LEAVING for EGYPT

After the **wise men** had gone, **Joseph** saw an **angel** in his dreams.

"**Joseph!** Get up!" said the **angel**. "Hurry! **Cruel King Herod** wants to **hurt Jesus.** Go to **Egypt**. You will all be safe there. I will tell you when to come back."

Joseph leapt out of bed. He woke Mary and Jesus. They packed their bags and left at once.

After **King Herod** died, an **angel** told Joseph it was safe to return home.

Matthew 2

Jesus in the Temple

Mary, Joseph, and Jesus had been worshipping God in Jerusalem. They were returning home to Nazareth.

"Have you seen Jesus?" Mary asked.
Joseph shook his head.
Oh no! Jesus had been left behind.

Scan to listen.

Mary and **Joseph** **rushed back** to **Jerusalem.** They **found** **Jesus** in the **temple.**

"I've been here in my **Father's** **house,"** said **Jesus.**

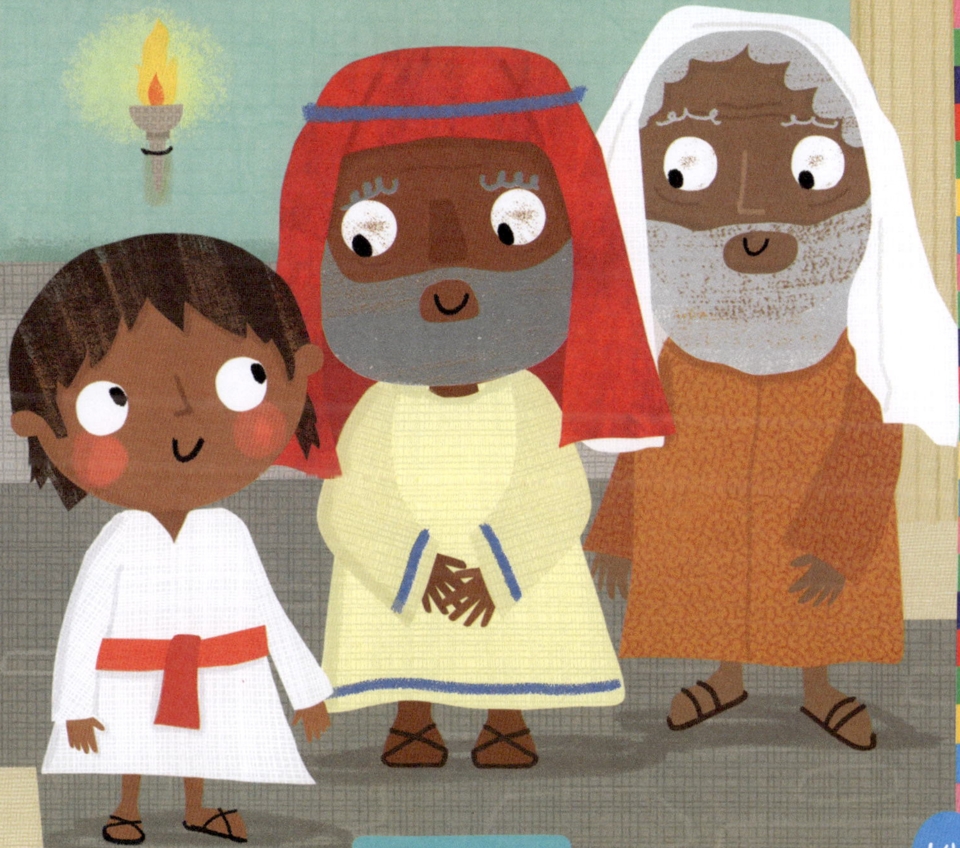

Luke 2

JOHN baptizes JESUS

"**Come back** to **God**!" **John** shouted. "Say you are **sorry** and get **baptized** in the water so that **God** will **forgive** you and make you **clean** inside and out!"

The **people** did what **John** told them.

Jesus was good. But he came to be **baptized** too. He always did what **God** wanted.

When **Jesus** came out of the water, **God** said, "You are my own **dear Son**. I am pleased with you!"

Mark 1

A TEST for JESUS

Jesus went into the desert to get ready to do **God's** work. **God's enemy,** the **devil,** came to trick **Jesus.**

"I'll give you the whole **world,** if you **bow down to me,**" he said.

"No!" said **Jesus. "God** has told **everyone** to bow down and serve no one else but him."

Jesus chose to listen to **God,** not the **devil,** so the **devil** left.

Matthew 4

ANDREW meets JESUS

One day **Andrew** and his **friend** followed **Jesus**. "Where do you live?" **Andrew** called out. "Come and see!" said **Jesus**.

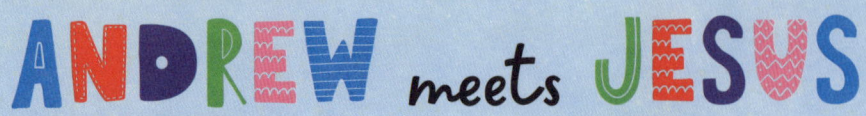

So they went to **Jesus' house** and **talked** with him all afternoon.

Then **Andrew** rushed to find his brother. **"Peter!"** he said. "Come and **meet Jesus;** he's the **king God promised** us!"

John 1

PETER goes FISHING

Jesus was at the lake telling people about God. He climbed into Peter's boat. "Let's go fishing!" he said.

"I've been fishing. I didn't catch anything!" Peter replied. But he did what Jesus said.

Suddenly the nets were bursting with wriggling fish. Peter was amazed.

"**Peter, come** with me and we'll go **fishing** for people!" **Jesus** said. So **Peter** left his boat and **followed Jesus.**

Luke 5

WATER into WINE

Mary and Jesus were at a wedding. Mary was worried. "Jesus, there's no more wine!"

"Fill these big jars with water," Jesus told the servants. "Then give some to the man in charge."

When the servants did what Jesus told them, they were amazed. Jesus had turned ordinary water into the very best wine!

WALKING again

"**Jesus** will **help** you **walk** again," said the **men** as they **carried** their **friend** to **Jesus' house.**

The **house** was too **crowded.** So they **dug** a hole in the **roof** and lowered their **friend** down.

Scan to listen.

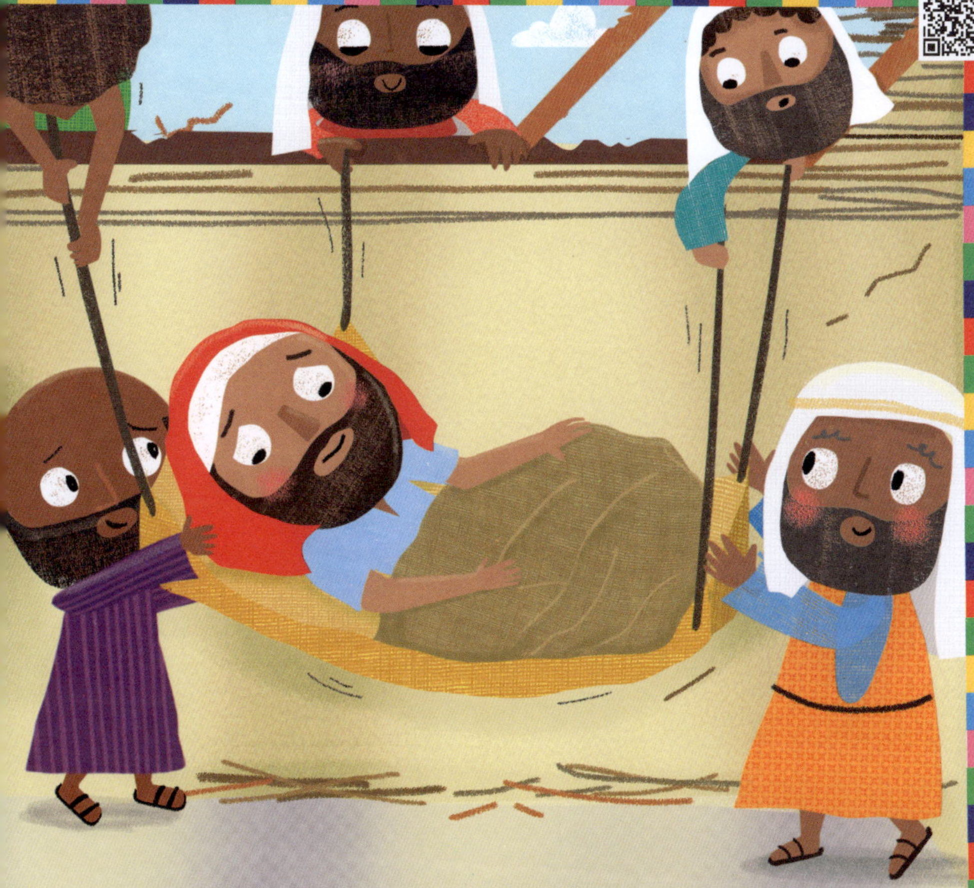

Jesus smiled and said to the man,

"I forgive you. Now get up

and walk home!"

To everyone's amazement the man

stood up and began to walk!

Mark 2

A WISE man and a FOOLISH man

One day Jesus told a story:

There was once a **foolish man** who **built** his **house** on the **sand.** But the **wise man built** his **house** on the **rock**

The wind shook the **houses**. The rain **poured** down; the **floods** rose. The **house** on the sand fell … **CRASH!** But the **wise man** was **safe**.

"If you do what I **tell** you," said **Jesus**, "you will be **safe** too!"

Matthew 7

The TRUSTING soldier

An **important soldier** came to see **Jesus.** "My **servant** is very **sick!**" he said.

"I'll **come** and make him **well,**" said **Jesus.**

"You **don't need** to come to my **house,**" the **soldier** said. "Just **give** the order and my **servant** will **get better.**"

"I'm **pleased** you **trust** me so much!" said **Jesus.** "Go **home;** your **servant** is **well** now."

Buried TREASURE

"When you **find God's** kingdom, you will never let it go," **Jesus** said to his **friends.** And he told them this **story:**

A **man** was digging in a **field** when he found treasure.

"If I buy this **field,** the treasure will be **mine!**" he thought.

So he **sold** everything he had. Then he **bought** the **field.** He was so **happy!** Now the **treasure** was his forever!

Matthew 13

The STORY of the SEEDS

"If you **listen** to me," said **Jesus,** "you'll be like the **good soil** in this **story**

A **farmer** sowed his **seeds.** Some seeds **fell** on the **path.** The birds **gobbled** them up.

The seeds among the **stones** grew quickly, but they dried up in the hot sun.

Other seeds grew well until the **weeds** got in their way.

The seeds on the good soil grew into tall, healthy plants.

Jesus calms the Storm

It had been a **busy** day. **Jesus** was fast asleep in his **friends' boat.**

Suddenly a **wild wind** whipped up the waves. They came **crashing** over the **boat.**

"Wake up, Jesus!" his friends shouted. "The boat is sinking!"
Jesus got up. "Waves! Calm down!" He ordered, "Wind, be quiet!"

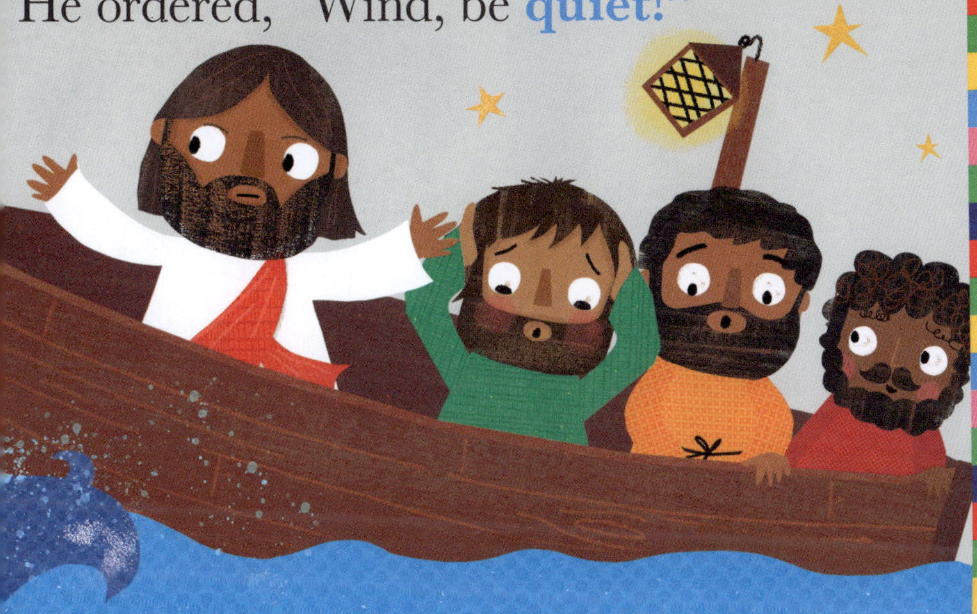

At once all was safe and still. Jesus' friends were amazed. "Even the wind and waves do what Jesus says!"

Mark 4

The SICK GIRL

Jairus' daughter was very sick. "Jesus please make her **better!**" he **begged.**

Just then his **servant** ran up. "Your **daughter** is **dead,**" he said **sadly.** "Trust me, **Jairus,**" **Jesus** said **gently,** "your little **girl** will **get well.**"

At **Jairus' house everyone** was crying. The **girl** was lying pale and still.

"Little **girl,**" **Jesus** said, taking her hand **"get up!"** She **opened** her eyes and stood up. She was alive and **well.**

Mark 5

Jesus and the Blind Men

As **Jesus** left **Jairus' house**, two **blind men** shouted out, "**Jesus,** be kind and **help** us!"

"Do you **believe** I can make you **better?**" **Jesus** asked. "Oh yes!" they replied.

"Then because you believe in me, it will happen," said Jesus as he reached out and touched their eyes.

At once the men could see!

Matthew 9

FOOD for EVERYONE

The **crowd** had **listened** to **Jesus** all day.

"They're hungry," said **Jesus**. "Let's **give** them some food."

"We **don't** have enough money!" his **friends** replied.

"This **boy** has five little **loaves** and two **fish**," said **Andrew**.

Jesus took the loaves and the fish and thanked **God** for them. Then he **handed out** the food. And everyone had **plenty** to eat!

John 6

Jesus walks on Water

One evening **Jesus** went **away** to pray. His **friends** **set off** across the lake. They puffed and panted as they rowed.

Suddenly they saw **someone** walking on the **water** toward them. "It's a **ghost!**" they screamed.

"Don't be scared," said the **man**, climbing into their boat. "It's me, Jesus!" The **friends** were amazed. It was Jesus!

Mark 6

GOD talks to JESUS

Jesus took **Peter, James,** and **John** up a **mountain** to pray.

Jesus grew **brighter** and **brighter** until even his clothes **shone** **dazzling white.** The **friends** were amazed.

Even **Moses** and **Elijah,** two of **God's** prophets from long ago, were there **talking** with **Jesus!**

Suddenly a misty cloud came down and they heard **God** say, "This is my Son. Listen to him!"

Matthew 17

The KIND STRANGER

Jesus told another **story:**
A **man** was lying badly **hurt** by the side of the **road.**

A **priest** came along. But he **did not help;** he just walked away!

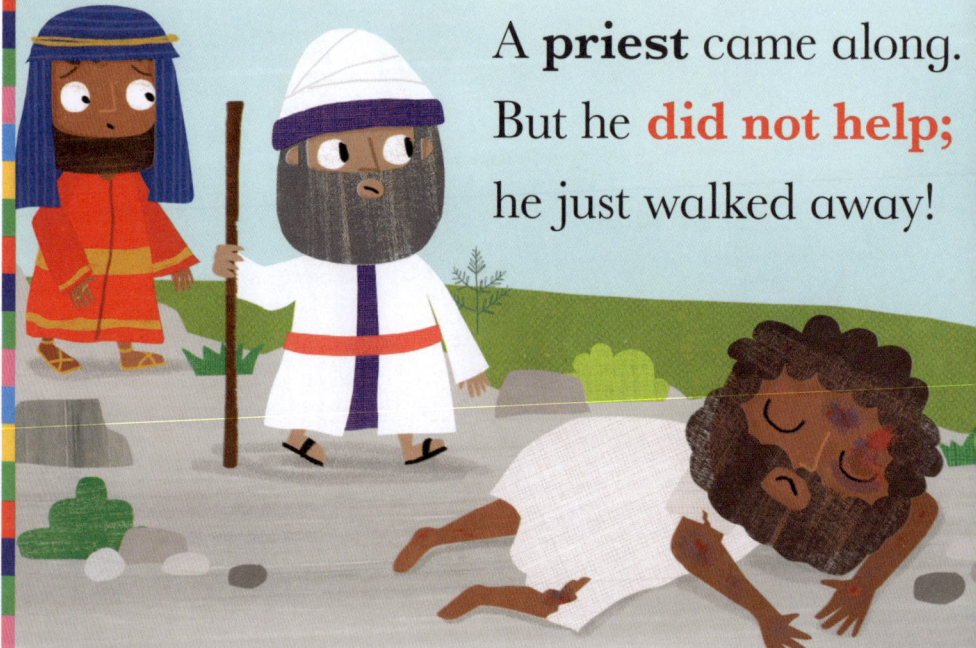

Then another **important man** walked by. But he **did not stop** to help either.

At last, a kind stranger stopped. He bandaged the man, took him to an inn, and looked after him there. "Be kind like that stranger in the story," said Jesus.

Luke 10

MARTHA and MARY

Jesus was at **Martha** and **Mary's** house. **Mary** sat down to **listen** to **Jesus**. But **Martha** **rushed** around getting the food ready.

Martha was upset. "Jesus!" she said. "I'm doing all the work by myself. Tell Mary to help me!"

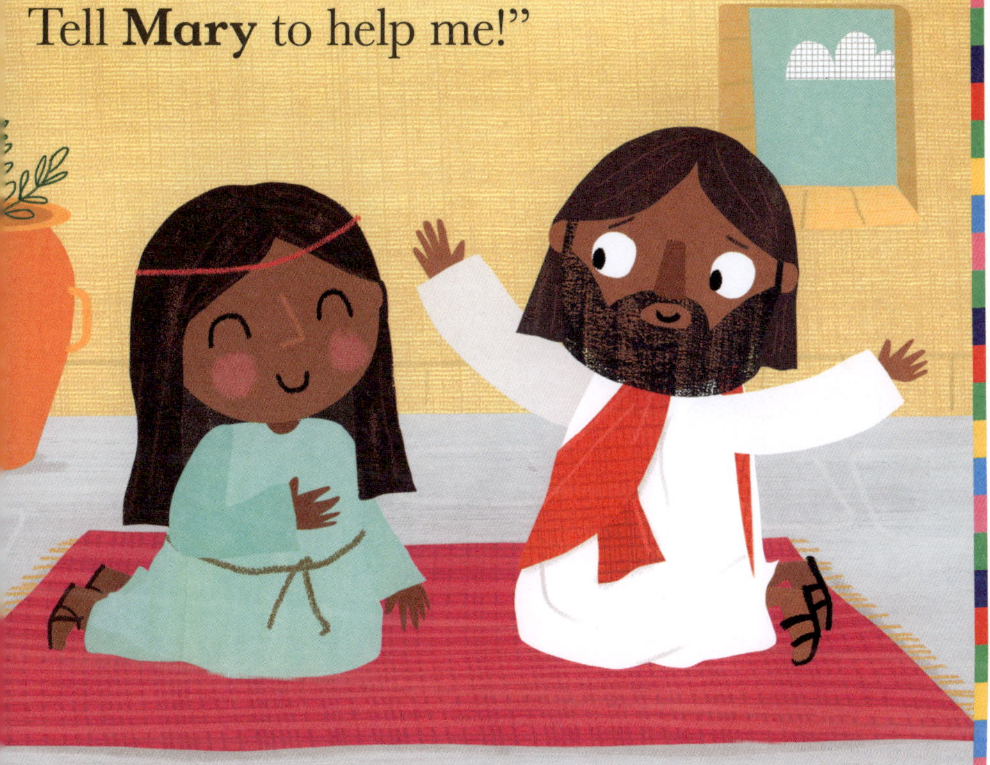

"Oh, Martha," said Jesus gently, "Mary wants to be with me. She has chosen what is most important."

Luke 10

A Prayer to God

"**Jesus,** teach us how to **talk** to **God,**" his **friends** asked. So **Jesus taught** them this **prayer:**

Our **Father** in heaven,
may **everyone know** and **love** you.
Come and be our **King.**
Give us today the food we **need.**
Forgive the **bad things** we do.
Help us to forgive others too.
When we want to do something **bad,**
help us **choose** to do **good** instead.

Saying THANK YOU

One day **Jesus** met some **men** with a **skin disease.** "**Jesus,** please make us **better!**" they called.

"**Find** the **priest**," **Jesus** said kindly, "so he can see you are **well** again."

Scan to listen.

As the **men** set off, they **saw** that their skin was as **good as new!**

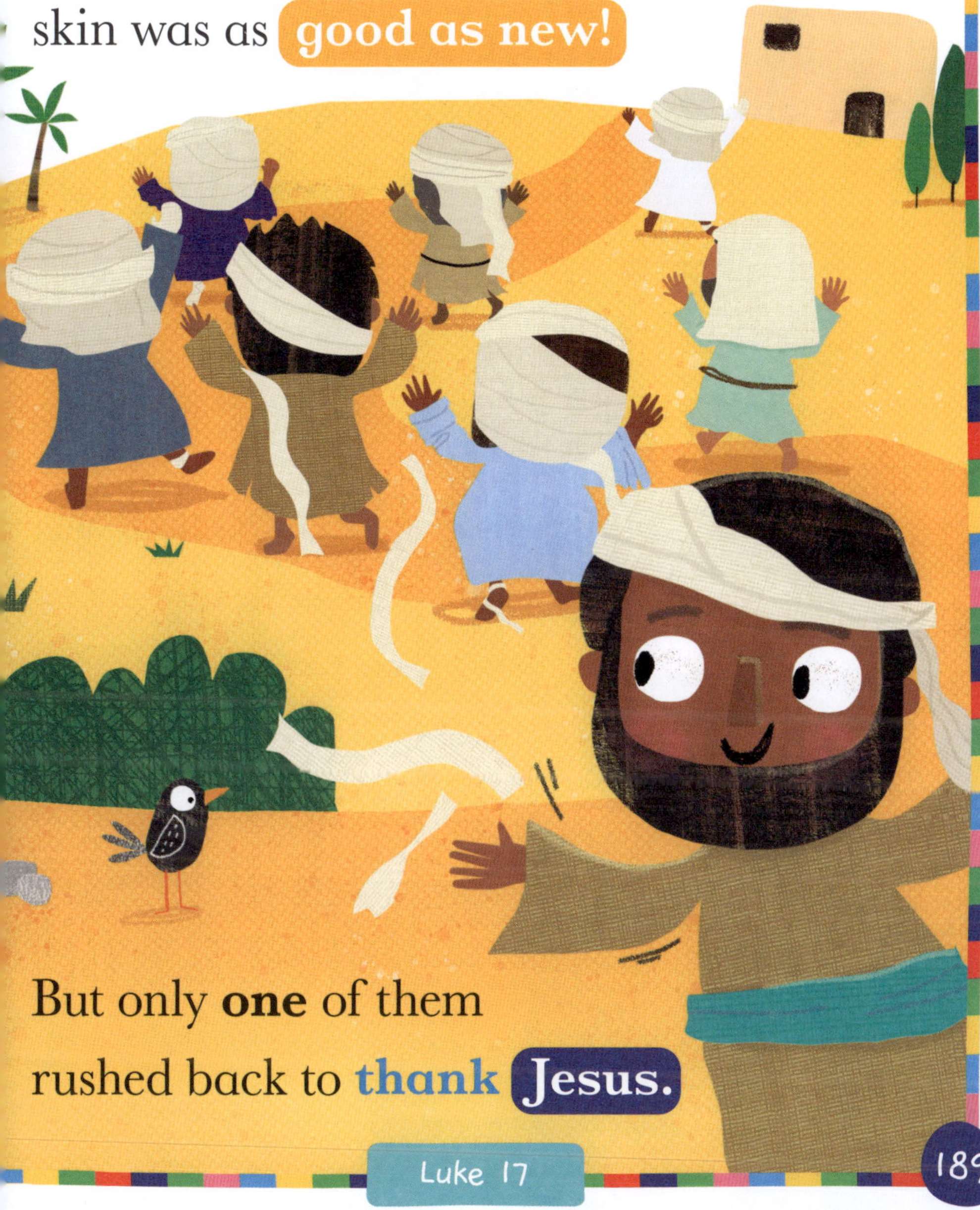

But only **one** of them rushed back to **thank** **Jesus.**

Luke 17

The PARTY

"God invites people into his kingdom, Jesus said, "like the man who was getting ready for his party.

"The important people he had invited sent messages saying, 'We're sorry, we're too busy to come.'

"Then the man told his **servants**, '**Go!** Find the **people** who are **never invited** to parties and **bring** them **here**.' Soon the **man's house** was **full** of **people** having **fun**."

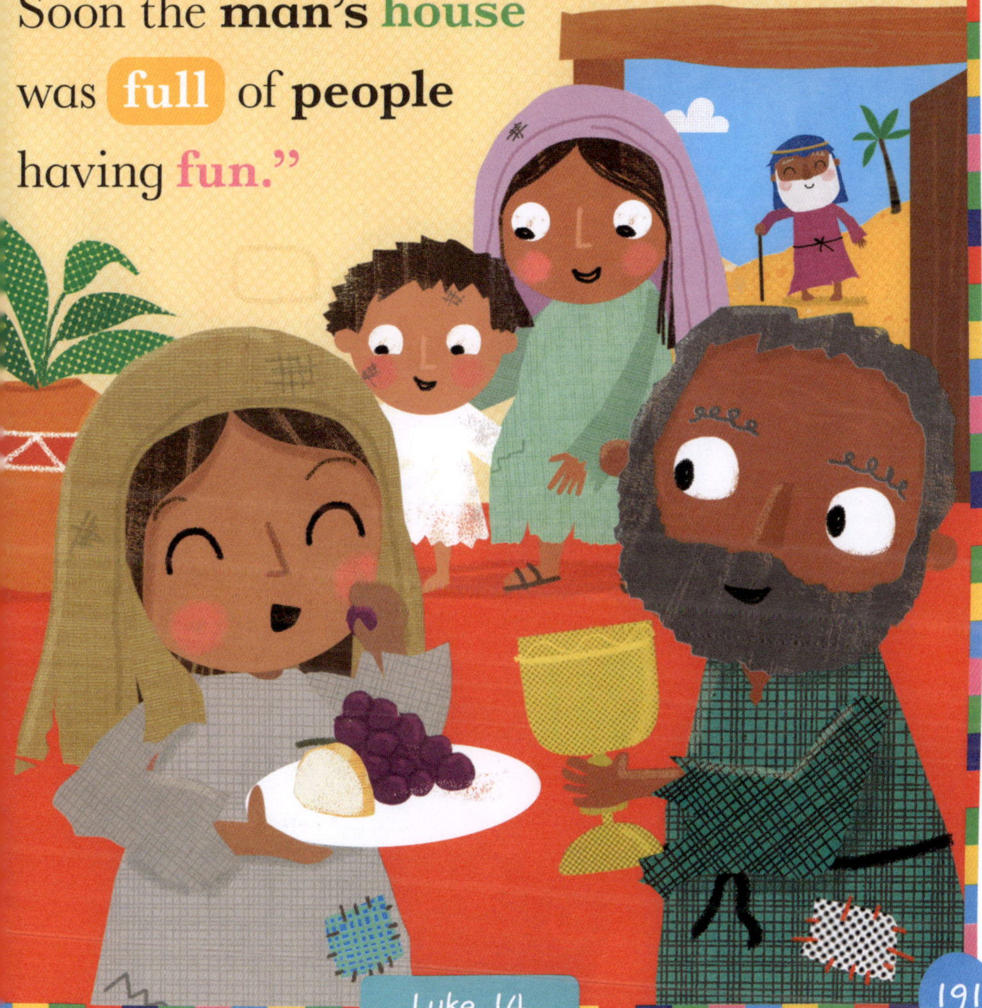

Luke 14

The LOST SHEEP

Everyone crowded around as **Jesus** told this **story** about what **God's** kingdom is like:

There was once a **shepherd** who had **one hundred sheep.** One day he discovered one was **missing.**

He searched up and down, near and far. Finally he found it. He was so happy he carried it all the way home!

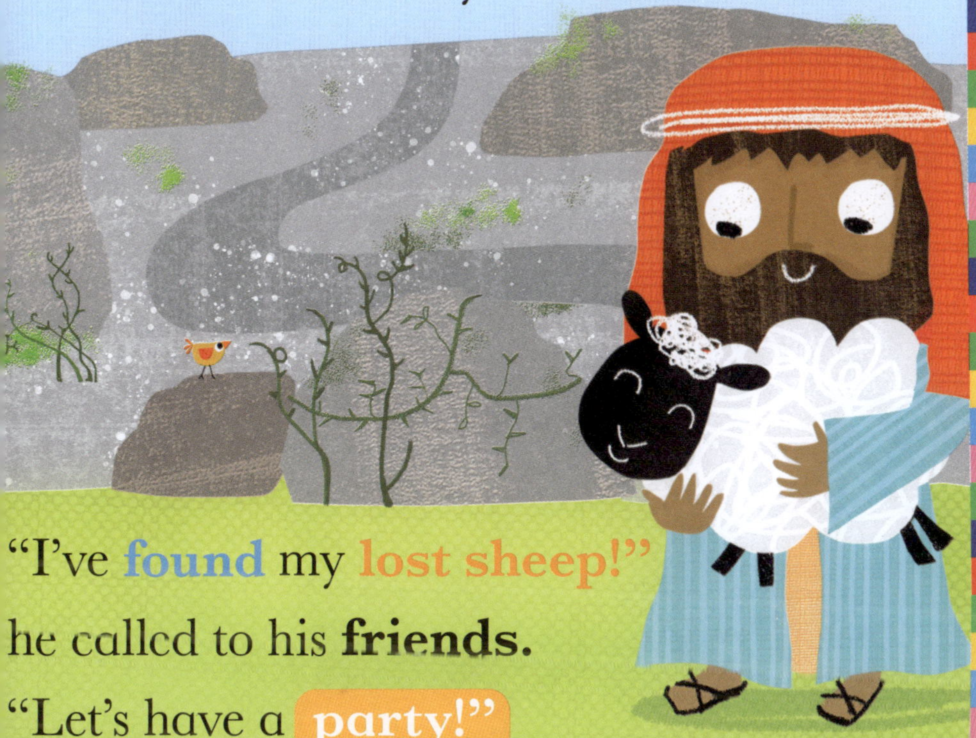

"I've found my lost sheep!" he called to his **friends.** "Let's have a party!" Like the **shepherd** in the story, God is happy when even one sinner turns back to him.

Luke 15

Coming HOME

There was once a **son** who **left** home.
He soon **spent** his **father's money**.

"I'm **hungry** and **unhappy**," the **young man** thought. "I'll **go back** and tell my **father** I'm sorry."

As soon as his **father** saw him, he ran to **hug** him. "My **son** has come **home**!" he called to his **servants.** "Let's have a **party!**"

"**God** is so happy when we **come home** to him," **Jesus** said.

Luke 15

Please FORGIVE me!

Two **men** went to the temple to pray. The first **man** said, **"God,** I keep all your rules; I don't cheat or steal like that **man** there."

The second **man** stood sadly at the back. "I know I'm a bad man, **God**." He prayed, "Please forgive me."

"Guess which **man God** was pleased with," said **Jesus**. "The one who said he was sorry."

Luke 18

JESUS gives new LIFE

Martha and **Mary** were very sad because their brother **Lazarus** had died

"I can give new life," **Jesus** said to them. "Anyone who trusts me will never really die."

He went to the **place** where **Lazarus** was buried. "Move the stone away!" **Jesus** ordered. **"Lazarus, come out!"** he called.

And to **everyone's** amazement, **Lazarus walked** out alive and well.

John 11

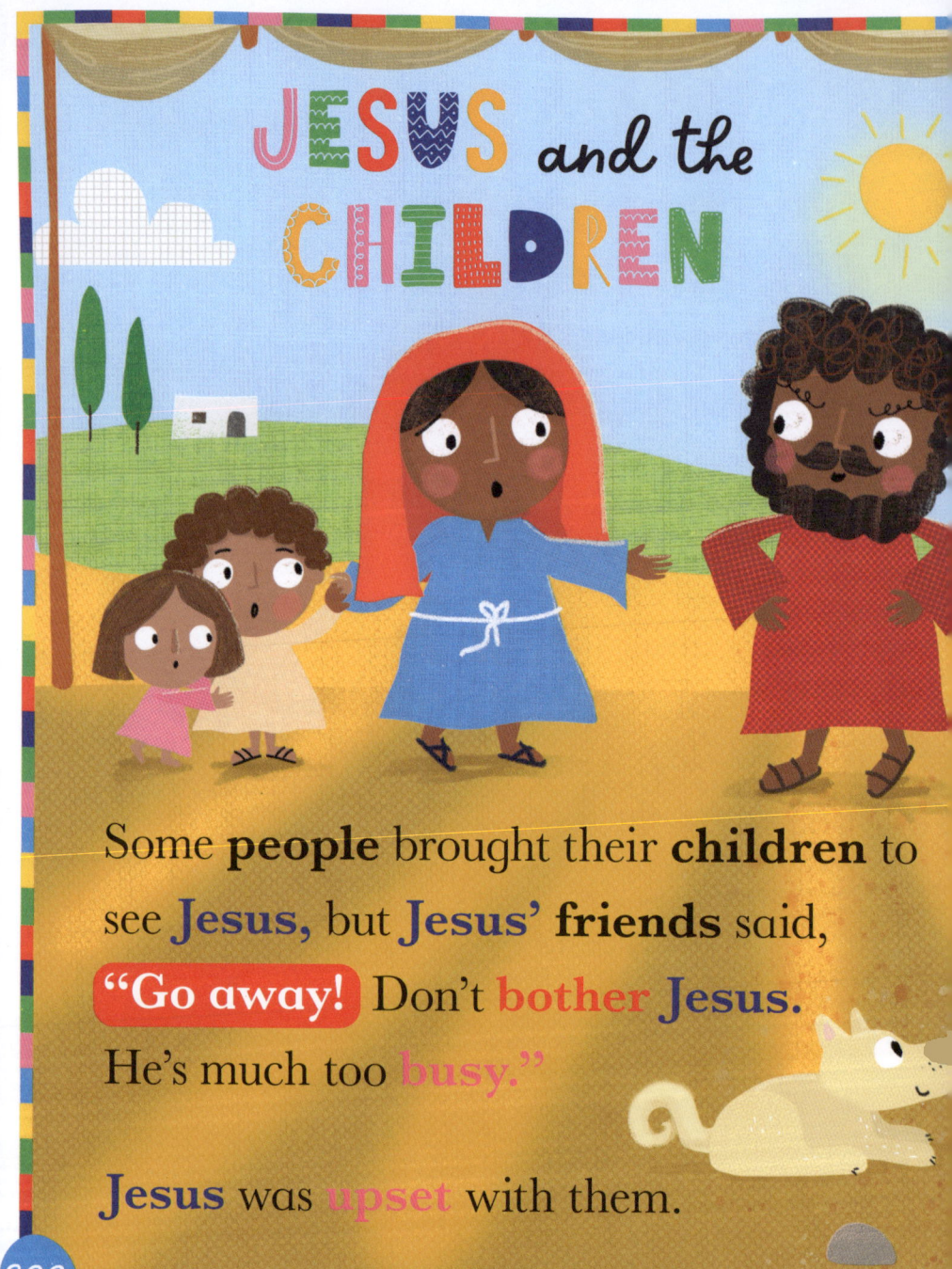

Jesus and the Children

Some **people** brought their **children** to see Jesus, but Jesus' friends said, "Go away! Don't bother Jesus. He's much too busy."

Jesus was upset with them.

"Let the children come to me," he said. "Don't stop them. God wants children in his kingdom." The children ran to Jesus' open arms. He hugged them and asked God to take special care of them.

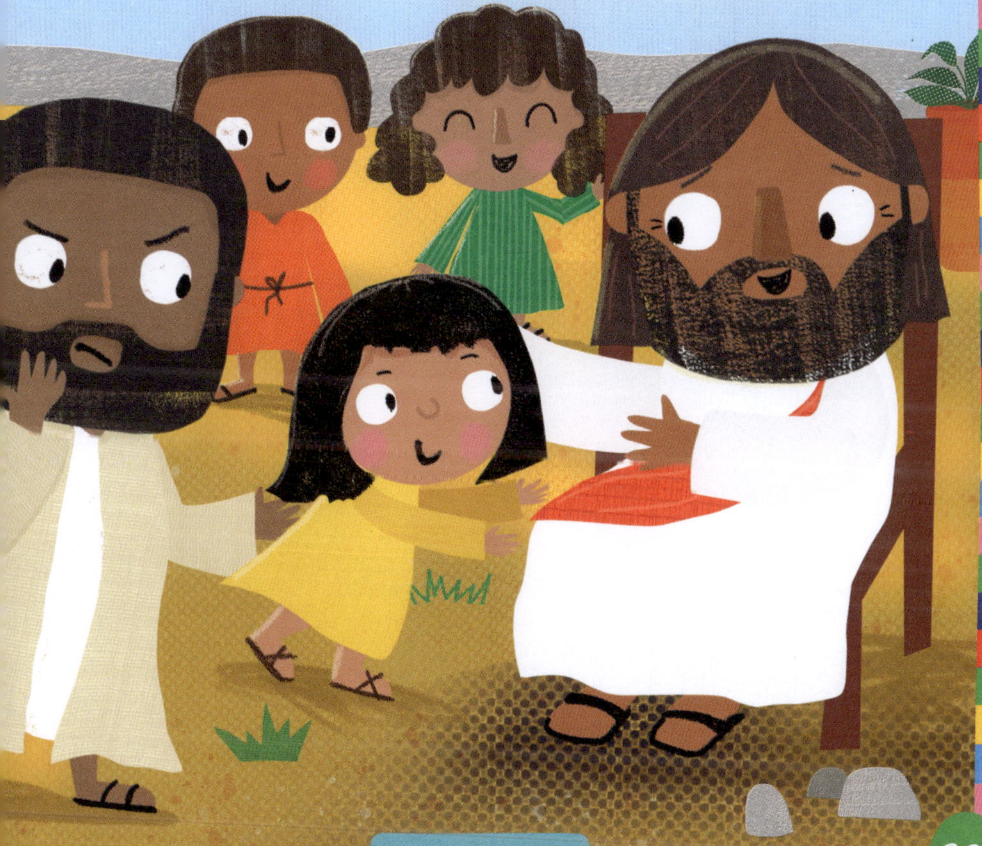

Mark 10

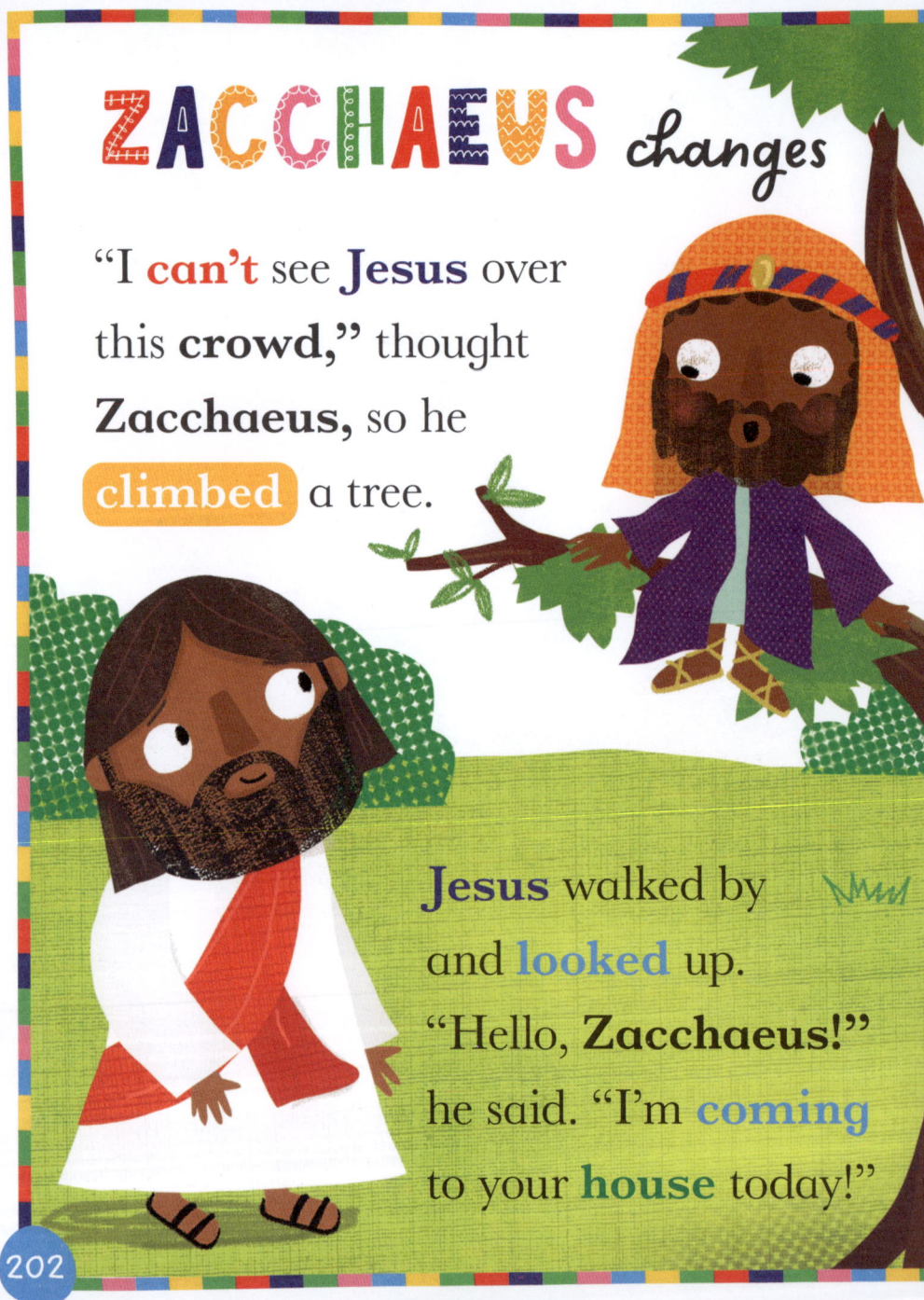

The **crowd** gasped. **Zaccheus** was a cheat; nobody liked him!

Zaccheus gasped. Could **Jesus** really **want** to be his **friend?**

Zacchaeus had a **wonderful** day with **Jesus.** And he promised not to cheat anyone again.

Luke 19

Expensive PERFUME

As **Jesus** and his **friends** were eating, **Mary** poured her precious bottle of perfume over Jesus' feet. Then she wiped them gently with her long hair.

The wonderful, sweet smell filled the room.

"**Mary** should have sold that perfume and given the money to the **poor**," complained **Judas**.

But **Jesus** was pleased with **Mary**. "**Mary** has done something very special for me!" he said.

John 12

Entering JERUSALEM

Jesus rode into Jerusalem on a young donkey. The people spread branches and cloaks on the ground, like a carpet for a king.

The crowds waved branches to welcome Jesus. "Hooray for God's special king!" they cheered.

"Who is this man?" people asked. "It's Jesus! God's messenger!" the crowds replied.

Matthew 21

Being READY

"**Be ready** for **God's kingdom**," said **Jesus**, as he told this **story:** There were ten **bridesmaids** who were **waiting** for the **bridegroom** to arrive.

The wise girl took extra oil for their lamps.

The **foolish girls** did not. At midnight their lamps ran out of oil, so they went off to buy more.

Suddenly the **bridegroom** arrived. He took the **wise bridesmaids** to his wedding party. But the foolish **bridesmaids** missed out.

Matthew 25

JESUS is ANGRY

God's temple was busy when Jesus arrived. "Buy a lamb here," shouted some sellers. "Doves for sale!" yelled others.

Jesus was very angry. There was so much noise; no one could talk to God.

"God's house is a special place to pray," said Jesus, pushing over a stall piled high with money, "not somewhere to buy and sell and cheat!" Then he chased them all out of the temple.

Mark 11

WASHING feet

One evening, during supper, **Jesus** got up, tied a towel around his waist, and began to wash his **friends' feet.**

They were shocked. It was the **servant's job** to wash feet. "**Jesus,** you **mustn't** wash our feet!" said **Peter.**

"I'm washing your feet because I love you," said **Jesus.** "Now copy me. **Love** and **help** one another."

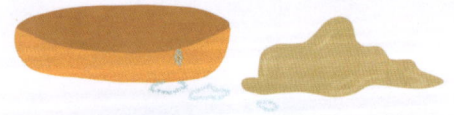

John 13

A SPECIAL meal

Jesus was eating a special meal with his friends when he took some bread, thanked God, broke it in pieces, and handed it around.

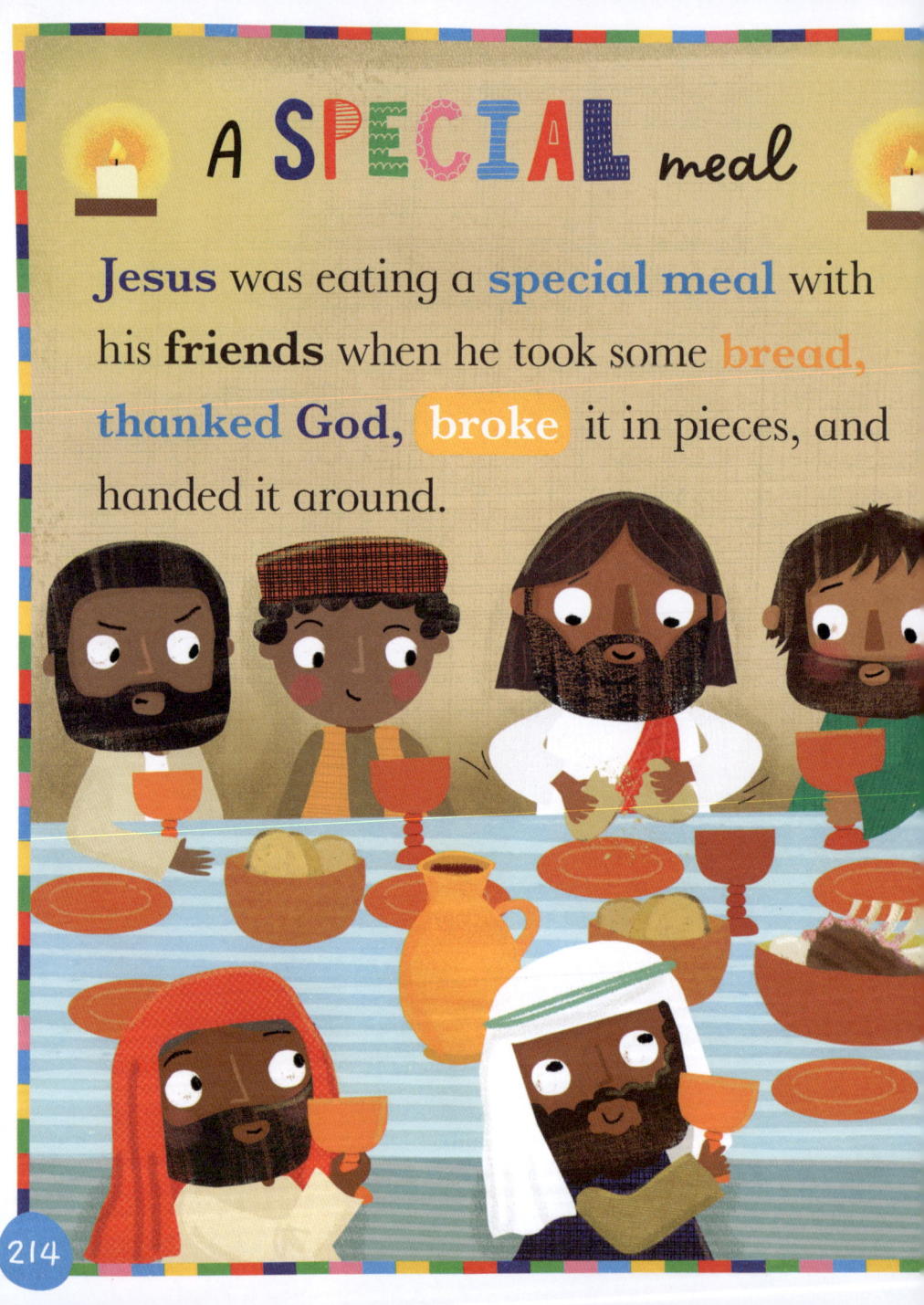

Scan to listen.

"This is my body," he said. "I give it for you." Then he took a cup of wine, thanked God, and passed it around. "Drink this," he said. "I will die for many people because God has promised to forgive them."

Matthew 26

JESUS is taken PRISONER

Jesus was praying in the garden. He was sad because he knew he was going to die soon.

"Father, don't let me die," he prayed. "But if dying is part of your plan, then I will do what you want."

Suddenly **Jesus'** friend **Judas** arrived, leading a crowd of **Jesus' enemies!**

He kissed **Jesus.** At once the **soldiers** surrounded **Jesus** and took him **prisoner.**

Luke 22

PETER lets JESUS down

Peter followed Jesus and the soldiers. "Aren't you Jesus' friend?" asked a servant girl.

Peter shook his head. "No! I don't know him."

Two more people asked if he knew Jesus. "No!" said Peter. "No!"

Suddenly a cockerel crowed. Peter remembered that Jesus had said: "Before the cockerel crows, you will say three times that you're not my friend." Peter burst into tears.

Matthew 26

JESUS is left to DIE

Jesus' enemies took Jesus to Pilate, the Roman ruler. Pilate asked Jesus lots questions. Then he said, "Jesus has not done anything wrong. I will let him go."

"NO!" the people shouted. "Kill Jesus! Nail him to a cross!"

Scan to listen.

So **Pilate's soldiers** nailed **Jesus** to a **cross** and **left him to die.**

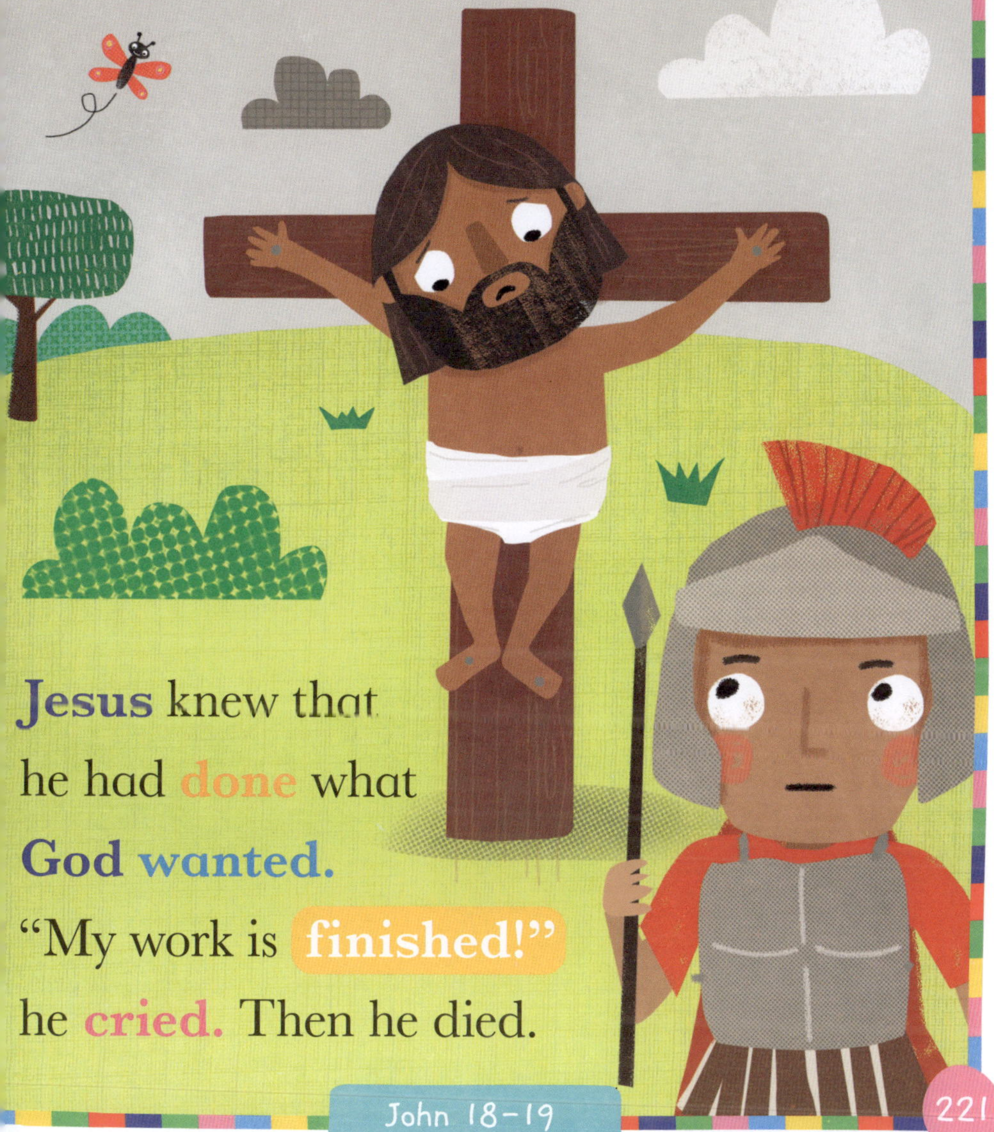

Jesus knew that he had **done** what **God wanted.**

"My work is **finished!**" he **cried.** Then he died.

John 18–19

A SAD day

Jesus was **dead. Nicodemus** and **Joseph of Arimathea** had been afraid to say they were Jesus' **friends.**

But now they showed that they loved him. They wrapped Jesus' body in cloth with **precious perfumes** and carefully put him in a new **tomb.**

Together they **rolled** the heavy stone across the doorway. Then they walked **sadly** away.

John 19

JESUS is ALIVE!

Two days later, **Mary Magdalene** stood outside **Jesus' tomb.** It was **empty!** **Jesus'** body was gone!

"Why are you **crying?**" asked a **man** standing nearby.

"Have you taken **Jesus** away?" **Mary sobbed.**

"**Mary!**" said the **man gently. Mary** looked up. It was **Jesus!** He **smiled.** "**Go** and **tell** my **friends.**"

Mary ran all the way. She couldn't wait to tell them the **good news!** **Jesus** was **ALIVE!**

A SURPRISE

Two of Jesus' friends met a man on their way home. "Jesus was killed three days ago," they told him, "but Mary says Jesus is alive again!"

"God **promised** this would happen to his **special king**," said the **stranger**.

At **supper** time, the **man thanked God** for the bread, then **gave** it to the **friends.** Suddenly the **friends knew** that the **stranger** was **Jesus**. He really was **alive!**

Luke 24

Tell EVERYONE!

The two **friends ran back** to **Jerusalem**. "We've seen **Jesus**!" they said to all of **Jesus' friends**.

Suddenly **Jesus** was **there** too! **Everyone stopped talking.** "Don't be scared," **Jesus** said. "It's me. Touch me. I'm not a ghost!"

They were so happy to see Jesus alive again.

"Tell everyone everywhere about me," Jesus told them. "Because of me, they can be God's friends again."

Luke 24

Thomas believes

Thomas didn't believe Jesus was **alive.** "When I have **seen** and **touched Jesus** for myself, then I'll believe," he said.

A week later, **Jesus** came again.
"**Thomas,** look! Touch my hands and feet. It really is me," **Jesus** said.
Thomas gazed at him.
"My **Lord** and my **God!**" he said.

"Now you believe!" said **Jesus**.
"**God** is pleased with **people** who believe even if they don't see me."

John 20

JESUS goes to HEAVEN

"Wait in Jerusalem," Jesus told his friends. "God will send you his Holy Spirit. He will help you tell the whole world about me."

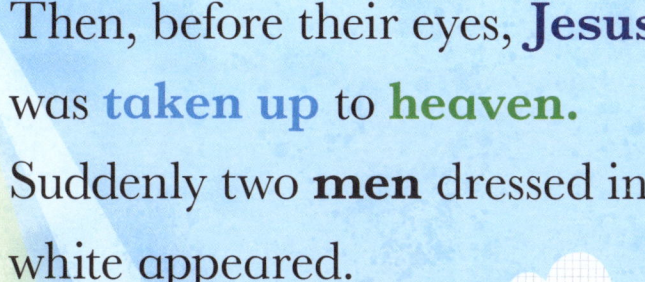

Then, before their eyes, **Jesus** was taken up to heaven. Suddenly two **men** dressed in white appeared.

"Why are you standing here looking at the sky?" they asked. "**Jesus** will come back one day."

Acts 1

The HOLY SPIRIT

Jesus' **friends** were praying when... **Whoosh!** A sound like a rushing wind roared through the **house**.

A **flickering flame** rested gently on each head. **God's** Holy Spirit had come to **help** them **tell others** about Jesus.

When the **people** from other countries heard what **God** had done, they **wanted** to be **Jesus' friends** too.

Acts 2

A man WALKS again

Peter and **John** were going to the **temple**.

"Please give me money!" **begged** a **man** who **could not walk**.
"I don't have any," **Peter** said kindly,
"but I **know** Jesus, God's Son.
And **Jesus** tells you to walk!"

Right away the **man's** feet and legs were **strong** again. He could **walk, run,** and **jump!** "**Thank you!**" he shouted. "**God** is **great!**"

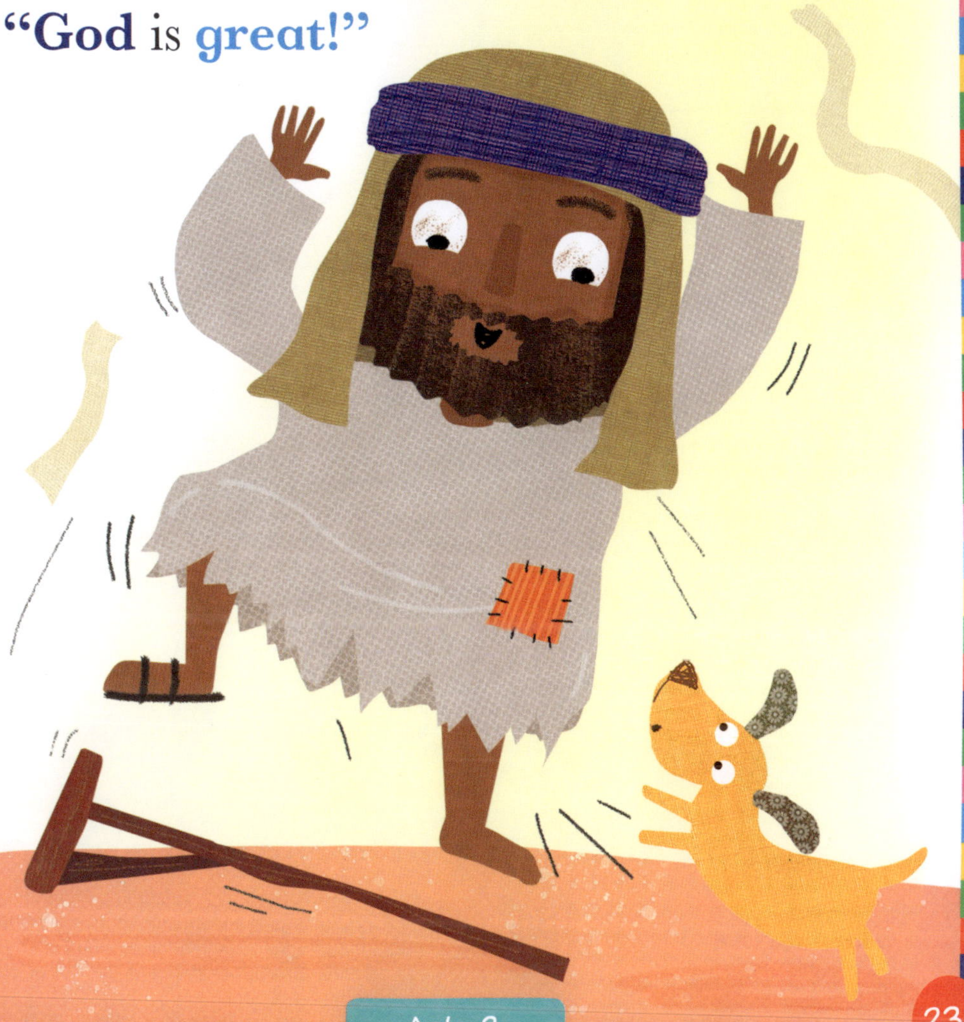

Acts 3

An IMPORTANT man

God's angel sent Philip to a dusty desert road. The chariot of an important African man rumbled by.

"Keep up with that chariot, Philip," said God's Holy Spirit. Philip ran alongside. He heard the man reading God's book. "Do you understand it?" asked Philip.

"No," sighed the man.
"What does it mean?"

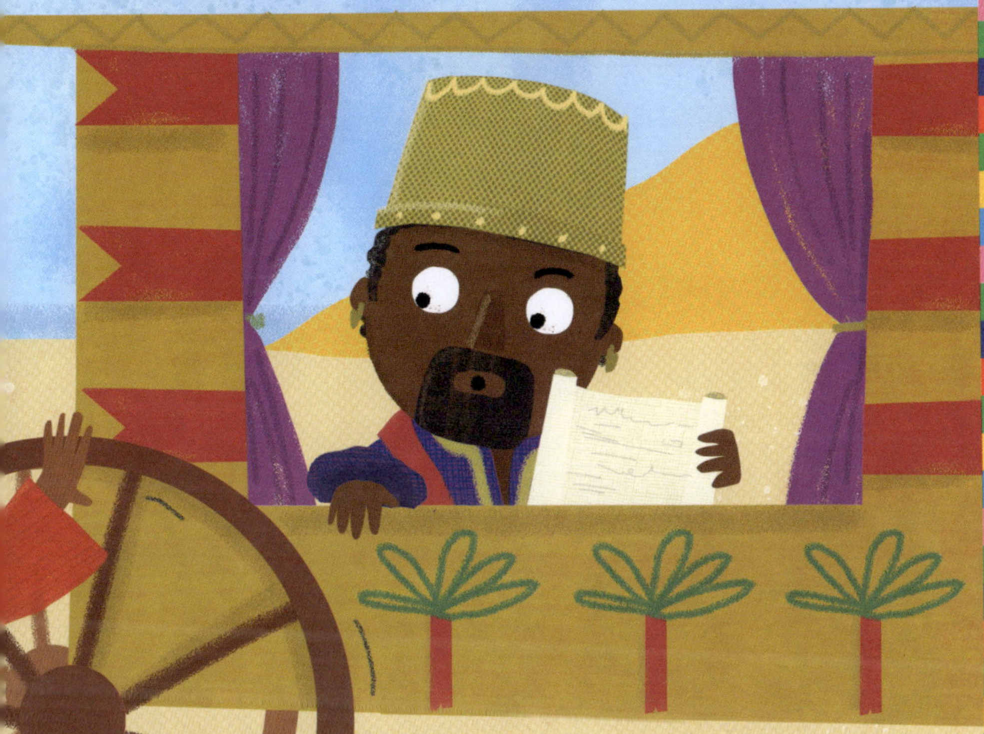

Philip explained that it was all about Jesus, and the man decided to become Jesus' friend too.

Acts 8

JESUS speaks to PAUL

Paul did **not believe** that Jesus was God's **special** king. He hated Jesus' friends. He set off to find them and put them in **prison**.

FLASH! A bright light **shone**. **Paul** fell to the **ground**. "**Paul**, why do you hate me and hurt me?" said a **voice**.

"Who are you?" asked Paul.
"I am Jesus!"

Paul was shocked. Jesus was alive! From that moment Paul became Jesus' friend. "Go and tell everyone about me," Jesus said.

Acts 9

God rescues Peter

Peter was in **prison.** The **soldiers** guarded him night and day. One night an **angel** shook **Peter** awake. **Peter's** chains fell to the ground.

"Quick, put on your sandals," said the angel. "Follow me."

So Peter followed the angel past the guards, through the gate, and into the street. Then the angel disappeared. Peter blinked. It wasn't a dream. He really was free!

Acts 12

FRIENDS of JESUS

Paul journeyed to many **places telling** people about **Jesus.**

One night a **man** called to **Paul** in a **dream,** "Come to **Macedonia! Help us!**" The next day **Paul** sailed to **Macedonia.**

There he **met Lydia,** a rich woman, and her **friends.** He told them about **Jesus.** So **Lydia** and her **friends** became **friends** of **Jesus** too.

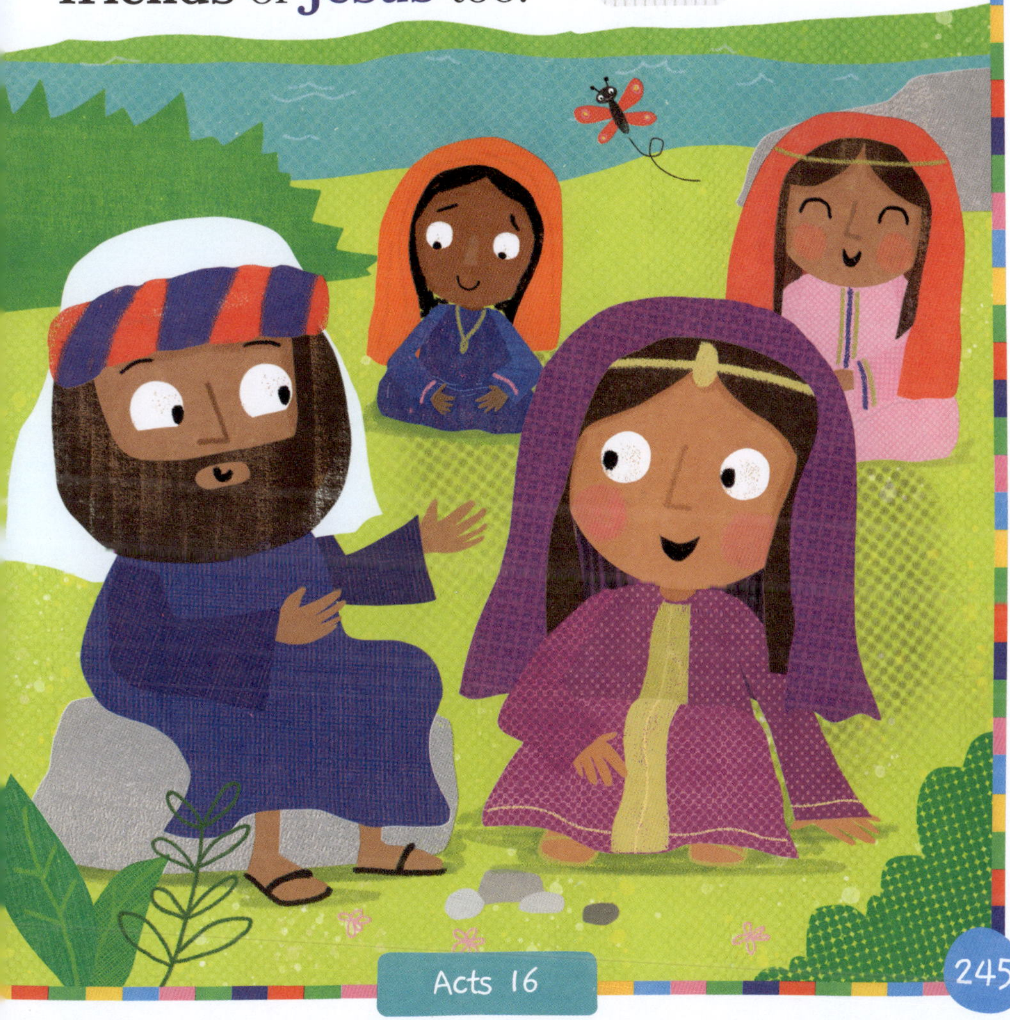

Acts 16

Paul is taken Prisoner

One day when **Paul** was at the **temple**, **Jesus' enemies** tried to **kill** him. "**Paul tells lies!**" they shouted.

Just then the **Roman commander** marched in. His **soldiers** stopped the **people** from hurting **Paul**.

Paul explained that **God** wanted **everyone** to know **Jesus** was **alive,** but the **crowd** shouted, "**NO!** Get rid of **Paul**." So the **commander** put **Paul** in prison.

Acts 21, 22

God keeps his promise

"The **Roman emperor** must decide if I am right," **Paul** said.
So the **soldiers** took **Paul** and set sail for Rome. Before long, the ship was caught in a raging storm.

"Don't be afraid," said **Paul**. "God will keep us all safe."

As the ship broke up, **everyone** swam for the shore. At last they reached the land, cold and wet, but safe. God had kept his promise.

Acts 27

LETTERS from PAUL

Finally **Paul** and the **soldiers** arrived in **Rome**.

Paul was still a prisoner, but he was allowed to write to all the **people** he had met on his travels. They had become **friends** of **Jesus** too.

Scan to listen.

They told **Paul** their problems and he wrote back to help them.

"Keep on loving Jesus," **Paul** wrote, "and keep on loving each other."

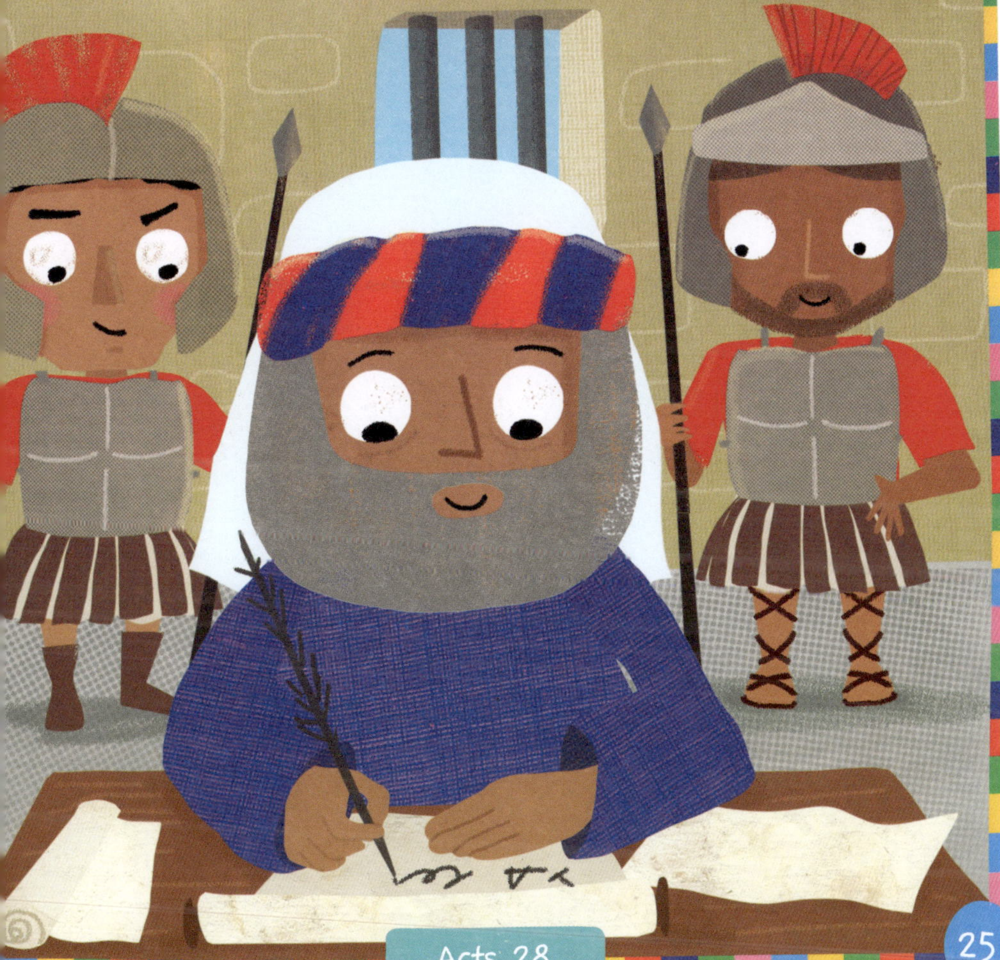

Acts 28

A NEW HEAVEN and EARTH

One day **John** saw a **man**. He was **strong**, **good**, and **shining bright**. It was **Jesus**

"Write to my friends," Jesus said. "Tell them that God is going to make a new heaven and a new earth where no one will be hurt or die! All God's friends will live with him forever."

Revelation 1, 21

 # INDEX

This index shows where to find some well-known Bible stories in this book and also shows groups of stories that link together.

The OLD TESTAMENT

In the Beginning
The creation and fall	8–15
Noah's ark	18–21

God's Special People
Abraham	22–27
Jacob	28–33
Joseph	32–39
Moses	40–58

Brave People of God
Joshua	56–61
Rahab	58–59
Gideon	62–63
Samson	64–67
Ruth	68–71

Prophets, Priests, and Kings
Samuel	72–81
Saul	76–88
David	80–90
Solomon	90–93
Elijah	94–99
Elisha	98–103
Jonah	106–109

The Exile and Return
Leaving Jerusalem	114–115
Daniel and his friends	116–121
Esther	122–125
Rebuilding Jerusalem	126–129

The NEW TESTAMENT

The Christmas Story

An angel visits Mary	132–133
Jesus is born	138–139
The shepherds	140–141
The wise men	144–145
Leaving for Egypt	146–147

When Jesus Grew Up

John baptizes Jesus	150–151
A test for Jesus	152–153
God talks to Jesus	180–181
A prayer to God	186–187

Jesus and His Friends

Calling the disciples	154–157
Martha and Mary	184–185
Jesus and the children	200–201
Washing feet	212–213

Jesus' Miracles

Water into wine	158–159
Walking again	160–161
The trusting soldier	164–165
Jesus calms the storm	170–171
The sick girl	172–173
Jesus and the blind men	174–175
Food for everyone	176–177
Jesus walks on water	178–179
Saying thank you	188–189
Jesus gives new life	198–199

Stories Jesus Told

A wise man and a foolish man	162–163
Buried treasure	166–167
The story of the seeds	168–169
The kind stranger	182–183
The party	190–191
The lost sheep	192–193
Coming home	194–195
Please forgive me!	196–197
Being ready	208–209

The Easter Story

Entering Jerusalem	206–207
A special meal	214–215
Jesus is taken prisoner	216–217
Jesus is left to die	220–221
Jesus is alive!	224–225
A surprise	226–227
Jesus goes to heaven	232–233

Jesus' Friends Share the Good News

The Holy Spirit	234–235
A man walks again	236–237
An important man	238–239
Jesus speaks to Paul	240–241
Friends of Jesus	244–245
A new heaven and earth	252–253

FIRST MENTIONS: Find a Character

Abednego	116
Abel	16
Abishai	86
Abraham	22
Adam	12
Ahab	94
Ahaziah	104
Andrew	154
Athaliah	104
Boaz	70
Cain	16
Caleb	57
Daniel	116
David	81
Ebed-Melech	113
Eli	72
Elijah	95
Elisha	98
Elizabeth	134
Esau	28
Esther	122
Eve	12
Ezra	127
Gabriel	132
Gideon	62
Goliath	82
Haman	123
Hannah	72
Herod	146
Isaac	26
Jacob	28
Jairus	172
James	180
Jehoiada	105
Jeremiah	112
Jesse	80
Jesus	132
Jezebel	94
Joash	104
John (the Baptist)	150
John (disciple)	180
Jonah	106
Jonathan	84
Joseph (Old Testament)	32
Joseph (New Testament)	136
Joseph (of Arimathea)	222
Joshua	57
Josiah	110
Judas	205
Lazarus	198
Lydia	245
Martha	184
Mary (mother of Jesus)	132
Mary (Martha's sister)	184
Mary (Magdalene)	224
Mephibosheth	88
Meshach	116
Mordecai	122
Moses	40
Naaman	102
Naomi	68
Nebuchadnezzar	114
Nehemiah	127
Nicodemus	222
Noah	18
Orpah	68
Paul	240
Peter	155
Philip	238
Pilate	220
Potiphar	34
Rahab	58
Rebekah	28
Ruth	68
Samson	64
Samuel	72
Sarah	22
Saul	76
Shadrach	116
Simeon	142
Solomon	90
Thomas	230
Zacchaeus	202